GIACOMO BRUNO

PEAK STATE

Come Gestire le tue Emozioni
e Raggiungere Stati di Picco

Titolo

"PEAK STATE"

Autore

Giacomo Bruno

Editore

Bruno Editore

Sito internet

http://www.brunoeditore.it

Sommario

Introduzione

Imparare a gestire il proprio stato emotivo è fondamentale per una vita serena e di successo. Raggiungere uno stato di picco, o "**peak state**", significa raggiungere risultati eccellenti. In questo ebook ti parlerò dei tre pilastri per la gestione dello stato emotivo e in generale di come sentirti sicuro e avere fiducia in te stesso.

Il primo di questi tre pilastri è il **focus mentale**, ovvero ciò su cui ti focalizzi ogni giorno. Ad esempio: compri una macchina e improvvisamente cominci a vedere quel modello dappertutto, perché il tuo cervello si è focalizzato su di essa, su quella cosa in particolare. Il focus mentale agisce sulle tue convinzioni, permettendoti di modificarle nel tempo, e, di conseguenza, sulla tua autostima.

Il secondo pilastro è il **linguaggio**, cioè il vocabolario che utilizzi, le parole che scegli per esprimere emozioni negative o positive. Le metafore, ad esempio, ti coinvolgono, cambiano la tua percezione della vita. Le domande invece spostano la tua attenzione, la orientano su obiettivi diversi; in questo senso rientrano nel focus mentale.

Il terzo pilastro è la **fisiologia**, ovvero la tua postura, il modo in cui cammini; questa è collegata non solo allo stato d'animo ma addirittura al sistema immunitario. Ti mostrerò come, attraverso questa forma di ancoraggio, di associazione, tu possa gestire al meglio il tuo stato d'animo e sentirti veramente sicuro di te, portando al massimo la tua autostima. Quello che ti chiedo è di fare gli esercizi e seguire gli insegnamenti come se fossi in aula.

Se imparerai a gestire il tuo stato emotivo, allora sarai in grado di gestire le tue emozioni. Probabilmente di starai chiedendo come sia possibile gestire le proprie emozioni. È forse necessario appiattirle? Annullarle fino a diventare dei robot? Assolutamente no: dovrai fare esattamente il contrario. Grazie alle tecniche contenute in questa guida imparerai a neutralizzare le emozioni negative e a utilizzare al meglio le positive, rendendole straordinarie e arrivando a raggiungere il "peak state". La definizione "peak state" appartiene soprattutto a Anthony Robbins, che lo ritiene uno "stato-risorsa", in altre parole una situazione emotiva nella quale sei colmo di risorse e pronto per affrontare al meglio la vita.

Con le giuste strategie riuscirai a migliorare il tuo presente e il tuo futuro imparando dal tuo passato. Ciò ti sarà possibile attraverso le cosiddette **submodalità**, ovvero quelle componenti visive, auditive e cinestesiche, cioè legate alle sensazioni del corpo, che, debitamente modificate, ti aiuteranno a provare nuovi stati d'animo, nuove sensazioni e, in generale, nuove emozioni.

Buon lavoro!

Giacomo Bruno

GIORNO 1:

I Segreti del Focus Mentale

Saper gestire il proprio stato emotivo porta ad acquisire una grande autostima. Molti non sanno cosa sia l'autostima. Sicuramente significa credere in se stessi, avere fiducia nelle proprie capacità. Ma, concretamente, cosa vuol dire? Ne hai una vaga idea? L'autostima è, secondo la definizione della Programmazione Neuro-Linguistica, una serie di convinzioni su se stessi e sulla propria identità. Quindi: chi sei tu? Chi credi di essere? Che etichette ti dai? A queste domande tu risponderai: «Io sono fatto così». Hai sentito questa frase molto spesso, vero? Perché? Perché alla maggior parte delle persone fa comodo dirlo, per declinare la responsabilità delle proprie azioni: «Non dipende da me, sono fatto così, ci sono nato». Se abbiamo dei difetti, dei problemi, se non sappiamo fare qualcosa, ci giustifichiamo affermando che non dipende da noi.

Spesso sentiamo pronunciare questa frase quando si litiga, quando si vuole qualcosa da un'altra persona e non si riesce a ottenerla. Alla fine la persona che si sente attaccata si chiude e, appunto, dice: «Io sono fatto così». La prima cosa che devi mettere in discussione sono proprio queste convinzioni che hai su te stesso, perché sicuramente sono limitanti. Se dici, ad esempio: «Io sono timido», è probabile che tante volte tu ti sia comportato da timido, ma comportarsi da timido non vuol dire necessariamente esserlo. Comportamento e identità sono due livelli diversi. Sei d'accordo? Quindi, se "ti comporti" in un certo modo, non vuol dire che tu "sia" in un certo modo.

Le convinzioni che hai su te stesso sicuramente non sono del tutto vere, ma neanche del tutto false. Magari pensi di essere timido perché lo eri da piccolo, o perché i tuoi genitori o altre persone ti hanno sempre detto che lo sei e quindi, alla fine, ti sei convinto di esserlo. Ora, che rapporto ha con l'autostima una persona timida? Scarso, perché dice a se stessa: «Io sono timido, non sono in grado di comunicare con gli altri, non sono in grado di divertirmi, non sono in grado di fare questo né questo, né quest'altro. Sono fatto così, non ci posso fare nulla. Non posso cambiare». Ecco di nuovo la frase classica: «Sono fatto così, non posso cambiare». Anthony Robbins, uno dei maggiori formatori del mondo nel campo della motivazione e dell'autostima, dice il contrario: «Noi cambiamo comunque. Il cambiamento c'è, sempre. Sta a noi decidere se migliorare o peggiorare».

È vero, considera che in ogni istante anche le cellule del nostro corpo cambiano, si rigenerano tanto da rinnovarsi completamente in tempi relativamente brevi pur conservando memoria di ciò che è stato, tanto è vero che se c'era una malattia continua ad esserci. Quindi il cambiamento c'è comunque. Sta a te, attraverso le tue convinzioni, attraverso la tua autostima, decidere in che direzione andare. Le convinzioni che hai su te stesso, che determinano la tua autostima, di fatto sono quelle che ti danno una direzione. Dire: «Io sono fatto così, non posso cambiare» è una convinzione che sicuramente limita, perché affermando questo rimani nella tua cosiddetta "zona di comfort", quella che ti fa stare bene, ti fa sentire al sicuro. Fai sempre le stesse cose, hai sempre le stesse abitudini e questo ti dà un senso di tranquillità, spesso anche in situazioni molto negative.

Ho conosciuto una ragazza che aveva una relazione con una persona violenta, che la trattava male; nonostante questo continuava a portare avanti il rapporto, pur sapendo perfettamente che non era la situazione più adatta, la più conveniente per sé. Perché? Perché evidentemente ne ricavava una soddisfazione dei suoi bisogni, e comunque il fatto di restare nella sua "zona di sicurezza" la faceva stare bene, in qualche modo.

Tu puoi invece aprirti e dire: «Bene, io non sono fatto così, non per forza sono fatto così». È una tua convinzione, ma una convinzione può essere messa in dubbio perché si basa su dei riferimenti e, sicuramente, puoi avere altrettanti riferimenti che dicono il contrario. Io, per esempio, sono sempre stato convinto di essere timido, poi mi sono chiesto: «Ma mi è mai capitato di essere sicuro? Ci sono state delle occasioni in cui mi sono sentito veramente forte, determinato, in peak state? Situazioni nelle quali ho raggiunto dei risultati, degli obiettivi?» La risposta è stata: «Sì».

Anche tu hai sicuramente dei riferimenti a momenti in cui le cose sono andate bene, in cui hai raggiunto degli obiettivi, una relazione ha funzionato e così via. Le convinzioni nascono proprio dai riferimenti che si hanno, cerca quindi di aprirti, di uscire dalla tua "zona di comfort", di metterti in gioco, di conoscere persone diverse e fare più esperienze che puoi. Aumenterai così i tuoi riferimenti, potrai trovarne di positivi, legati anche a momenti di successo, e in questo modo riuscirai a modificare le tue convinzioni e il tuo concetto di autostima.

SEGRETO n. 1: saper gestire il proprio stato emotivo porta ad acquisire una grande autostima.

La Programmazione Neuro-Linguistica, a partire dagli anni '70, ha studiato le persone di successo, quelle che avevano una grande autostima e che eccellevano nel loro settore, e ha analizzato i processi mentali che esse eseguivano inconsciamente. Queste persone, di fatto, non sapevano come facessero a sentirsi bene o ad avere fiducia in se stesse. Inizialmente vennero studiati i più grandi terapeuti, perché la PNL nacque proprio come forma di terapia; essa venne poi applicata alla comunicazione, alla vendita, all'apprendimento rapido, alla seduzione. È possibile, infatti, utilizzarla in qualsiasi settore e rendersi conto di quali strategie funzionino per ogni singolo individuo e quali no.

Vennero analizzati i comportamenti di queste persone di successo, le loro convinzioni, la loro identità, tutto quello che facevano e pensavano, tanto da estrarne delle strategie. Bandler e Grinder, fondatori della PNL, compresero, ad esempio, che le convinzioni che quelle persone si erano formate nel corso degli anni avevano fatto sì che essi avessero acquisito una grande autostima. Al tempo stesso verificarono che molte persone prive di autostima avevano convinzioni limitanti, che le rendevano rigide, poco flessibili e quindi bloccate nelle situazioni che si trovavano ad affrontare. Ricostruirono, quindi, il modo in cui queste convinzioni si erano formate, individuarono da quali fattori dipendevano e ne estrassero i pilastri dell'autostima, nonché, in generale, quelli della gestione delle proprie emozioni, del proprio stato d'animo.

I tre pilastri che influenzano il tuo stato emotivo sono: **focus, linguaggio** e **fisiologia**. Conoscerli significa imparare a gestire al meglio le tue emozioni e, in generale, il tuo "stato" emozionale.

In questa guida ti aiuterò a capire come utilizzarli per migliorare la fiducia in te stesso. Probabilmente non ti esporrò tantissimi concetti nuovi, perché la PNL non ha inventato nulla, ha solo scoperto dei processi mentali individuando quelli che definiamo, appunto, i tre pilastri.

Il primo di cui voglio parlarti è il "focus mentale", ovvero la capacità di focalizzare l'attenzione su qualcosa. Immagina, per esempio, di andare a una festa in cui ci sono molte persone, di sederti in un angoletto e cominciare a guardarti intorno; magari ti focalizzi su due innamorati che si baciano appassionatamente. Li osservi e pensi: «Vedi che bello, c'è tanto amore nella vita».

Poi guardi da un'altra parte, magari vedi un ragazzo che sta tentando di sedurre una ragazza e pensi: «Come sono belli i sentimenti, le emozioni umane!» Immagina ora di scattare delle foto delle due persone che si baciano e del tentativo di seduzione. Le porti a casa, ogni tanto le riguardi e dici: «Certo, quella festa è stata veramente bella, piena di emozioni, piena di passione». La realtà è che il nostro cervello scatta effettivamente fotografie e fa dei filmati; è facile che ti vengano in mente immagini del tuo passato o idee che ti fai sul futuro, sia belle che brutte.

A quella festa il tuo cervello ha registrato delle informazioni. Ma quali? Ha registrato tutta la festa? No, ha registrato ciò su cui ti sei concentrato, su cui ti sei focalizzato, ossia ciò su cui hai posto il tuo "focus". Se tu, ad esempio, ti sei focalizzato su quelle due scene, nella tua mente avrai registrato passione, emozioni e amore, che saranno rimasti nella tua memoria. Quando ricorderai quella festa, penserai a una serata molto bella, molto emozionante.

Ma potresti essere andato alla festa con un amico che stava seduto vicino a te, che quindi aveva la tua stessa prospettiva, e che però ha visto solo gente stufa e annoiata, due amici che litigavano, oppure un uomo che tentava di sedurre una ragazza e veniva respinto. Che cosa avrà pensato? Quale sarà stato il suo dialogo interiore? Probabilmente si sarà detto: «Qui va tutto storto. Le persone litigano, gli amici si separano, uno ci prova con una ragazza e lei non ci sta. Ah, le donne sono tutte uguali!» Avrà quindi elaborato una serie di convinzioni basate su quelle immagini che lui ha registrato e nella sua memoria sarà rimasto il ricordo di una serata spiacevole.

Eppure si tratta della stessa festa a cui avevi partecipato tu, che a te era sembrata piena di emozioni, di sentimenti, di amore. Come mai? Ti è mai capitato, per esempio, di sentire il racconto di un incidente in macchina? Magari il guidatore di una macchina ti racconta una versione e quello dell'altra ne racconta una completamente diversa: chi dei due ha ragione? Entrambi o nessuno dei due, perché per ognuno di loro è vera la propria versione, quella è la realtà. La Programmazione Neuro-Linguistica ha scoperto che il nostro cervello non coglie tutta la realtà o una realtà oggettiva, ma una realtà soggettiva, quindi filtrata dai nostri pensieri, da quello che abbiamo memorizzato, registrato.

Quando sei andato alla festa, tu, semplicemente, non hai visto i due amici che litigavano e il tuo amico non ha visto i due fidanzati che si baciavano. Questo succede tutti i giorni, in tutte le situazioni, ed è ciò che ci porta alla maggior parte dei litigi, perché uno vede una cosa e l'altro ne vede una diversa: «Ah, ma io ti avevo detto così!» «No, tu non mi avevi detto così!» Chi dei due ha ragione? Come dicevo poco fa, entrambi o nessuno dei due.

Quindi in questo contesto, in questa cornice, non ha più senso litigare, se ci pensi. Ognuno ha la sua realtà: punto. Non ci possiamo fare nulla, è il cervello che funziona così, che registra delle immagini, dei filmati piuttosto che altri, e il meccanismo che regola queste differenze è il focus. Se ti focalizzi su delle cose, vedrai quelle, registrerai quelle. Il focus, probabilmente, dipende anche dalle convinzioni. Se sei convinto che la vita sia fatta di amore e che nel mondo ci sia tanto amore, è probabile che ti concentrerai sugli innamorati piuttosto che sui due che litigano.

Se il tuo amico, al contrario, è convinto che la vita sia una battaglia, vedrà le persone che litigano e non vedrà i due innamorati felici e contenti. In entrambi i casi, le convinzioni personali spingeranno a notare un comportamento invece di un altro e, viceversa, la focalizzazione su quei comportamenti confermerà la veridicità delle convinzioni. Dirai: «Vedi? Alla festa c'erano due innamorati, le feste sono belle!», e sarai ancora più convinto che la vita sia stupenda. E il tuo amico sarà ancora più convinto che la vita sia una battaglia.

Anche le esperienze personali influiscono sulla percezione della realtà; chi ha avuto esperienze d'amore che non sono andate a buon fine, difficilmente noterà scene d'amore. In base alle proprie esperienze, quindi, ci si focalizza su una cosa piuttosto che su un'altra.

Poi c'è anche un meccanismo di auto-conferma. Se sei convinto di una cosa vedrai solo quella, ti confermerai ancor di più che quella convinzione è giusta. Ti faccio un altro esempio che sicuramente ti risulterà familiare. Devi comprare la macchina nuova o l'hai appena comprata, diciamo che è una Mini. Improvvisamente ti rendi conto che tutti hanno la Mini, ovunque vai vedi la Mini: parcheggiata all'angolo, sotto casa, nel garage del tuo vicino! Magari è una macchina che non avevi mai notato prima, ma da quando ce l'hai tu hai l'impressione che ce l'abbiano tutti.

A me è successo tante volte con macchine a cui non avevo mai fatto caso. Un mio amico ha comprato una Toyota RAV 4, bellissima macchina; me l'ha fatta provare e improvvisamente ho cominciato a vederla dappertutto. Prima non l'avevo mai notata. Quindi, ciò su cui siamo focalizzati determina anche ciò che vediamo. Ad esempio, io ho fatto un corso con Deepak Chopra, un guru del benessere psicofisico che mi ha parlato di *coincidenze*: da quel giorno, nella mia vita, ce ne sono state tantissime. Ecco, questa è una coincidenza o no?

La mia idea è che Chopra ci abbia focalizzato sul fare attenzione alle coincidenze e quindi io, da quel momento, ne ho semplicemente notate molte di più. Sicuramente mi accadevano già, ma il fatto di porvi attenzione mi ha portato a farci molto più caso, molto più spesso. Perché nei giorni successivi me ne sono capitate davvero tante, e non poteva essere un caso.

A pensarci anche la *Nuova Legge di Attrazione* dice la stessa cosa: se tu ti concentri sui tuoi obiettivi riuscirai ad attrarre verso di te eventi e persone che ti aiuteranno nel tuo obiettivo. A patto, ovviamente, di condire il tutto con la necessaria azione.

SEGRETO n. 2: il focus mentale è la capacità di focalizzare la propria attenzione su qualcosa.

Anche alcuni mezzi linguistici, come ad esempio le domande, possono aiutarci a focalizzare. Considera che la linguistica è una parte molto importante della PNL. Attraverso le domande puoi focalizzare la tua attenzione sulla risposta, ovviamente; ma in base alla tua domanda ci sarà una risposta diversa. Cerco di spiegarti meglio questo concetto. Se di fronte a un problema, come per esempio la fine di un rapporto sentimentale, cominciassimo a chiederci: «Perché? Perché proprio a me è successo questo? Perché mi ha lasciato?», queste domande renderebbero ancora più negativo il nostro stato d'animo e ingrandirebbero il problema oltre misura.

Anthony Robbins dice: «Fatevi domande di qualità per ottenere risposte di qualità». Quindi, l'unico modo per avere una vita di qualità è farsi le domande giuste. Se di fronte a un problema ti chiedi: «Perché proprio a me? Perché mi è successo questo?» Il cervello ti risponderà: «Perché te lo meriti!» Quindi, in questo caso, più che chiederti "perché" hai un problema, dovresti pensare a "come" risolverlo. «Come?» è quindi la domanda più giusta da fare a te stesso. Vediamo la differenza: se sei stato abbandonato dal tuo partner la domanda più giusta da porti sarà: «Come posso fare per riconquistarlo?» e non: «Perché mi ha lasciato?» Infatti, mentre il "perché" rimane sul problema, il "come" sposta la tua attenzione, focalizzandola direttamente sulla soluzione.

In PNL si dice: se proprio vuoi considerare il problema, spendi il 10 per cento del tuo tempo sul problema e il 90 per cento sulla soluzione. Il problema, quindi, non va trascurato del tutto, ma bisogna imparare a dire: «Questo è lo stato attuale, l'oggi. Domani, dove voglio arrivare? Qual è il mio obiettivo? Come posso fare per raggiungerlo?» Il "come" ti orienta direttamente verso la soluzione.

Mi è capitato di lavorare con una ragazza, che aveva una situazione sentimentale piuttosto disastrata, il cui obiettivo era sposarsi con il ragazzo dei suoi sogni. Abbiamo analizzato esattamente qual era la situazione. Prima le ho chiesto: «Bene, adesso come ti senti, come stai, qual è il problema?», e poi: «Come vuoi stare, come vuoi sentirti, qual è il tuo "stato desiderato"?», come lo chiamiamo in PNL. Il segreto è scoprire la differenza tra "stato attuale" e "stato desiderato", dire: «Oggi è così, per il futuro voglio raggiungere questo obiettivo; come posso fare?»

Facendo domande intelligenti si ottengono risposte intelligenti. Innanzi tutto perché si aiuta la persona a focalizzarsi su uno stato d'animo positivo, facendole vivere lo stato emotivo che probabilmente avrà nel momento in cui raggiungerà l'obiettivo; poi, perché avere più chiara la propria meta fa sentire meglio e quindi rende capaci di replicare con risposte migliori, di qualità, di dire, in particolare, nel caso della ragazza che ho citato poco fa: «Bene, in effetti posso accrescere le mie capacità di comunicazione, posso leggere il libro di Giacomo Bruno sulla seduzione, posso fare tante cose e, innanzi tutto, chiarire a me stessa che tipo di uomo sto cercando».

Quando hai chiaro il tuo obiettivo puoi focalizzarti molto meglio. Non avendolo chiaro non saprai dove andare, non avrai una direzione ben precisa. Con le domande puoi focalizzarti molto sui dettagli, andare nel concreto. Chiedendoti: «Come posso fare per raggiungere il risultato che desidero?», sarai spronato a darti da fare per raggiungerlo, potrai decidere quali passi fare. Stabilirai un piano d'azione e ti focalizzerai.

Cosa succede, infatti, quando fissi il tuo focus? Che se tu sei concentrato, hai chiaro il tuo obiettivo, hai chiara la direzione nella quale stai andando, sarai attento e farai molto più caso alle coincidenze. Magari quella sera stessa la ragazza dirà: «Bene, mi do da fare, stasera esco» e, guarda caso, proprio quella sera conoscerà una persona al pub. Magari non sarà l'uomo della sua vita, ma è un primo avvenimento che indica che le cose si stanno muovendo; è possibile che il rapporto con lui la aiuti a capire meglio quali caratteristiche deve avere la persona che cerca. Quell'esperienza la avvicinerà comunque al suo obiettivo, perché la aiuterà a definirlo meglio, e questo può accadere solo se si è focalizzati.

Pensa se facessimo il contrario, cioè se passassimo il tempo a chiederci perché il nostro partner ci ha lasciato o perché non riusciamo a trovare la persona giusta. Oltre a trovare mille motivazioni, che non sarebbero né vere né false, rimarremmo in uno stato d'animo molto triste, depresso, chiuso e rigido. Quindi non saremmo sicuramente in grado di uscire e andare a divertirci e, se lo facessimo, sarebbe solo perché "trascinati" dagli amici. Saremmo in uno stato d'animo talmente negativo da allontanare tutte le persone che, magari, potrebbero volerci conoscere: sicuramente non raggiungeremmo mai l'obiettivo. Ti è mai capitata, nella vita, una situazione del genere? O è capitata a qualche tuo amico?

Se ti farai le domande giuste otterrai risposte giuste e cambierai il tuo stato d'animo istantaneamente. La prossima volta che ti capiterà una situazione particolare, un imprevisto, invece di chiederti: «Ma perché proprio oggi mi doveva succedere questo? Perché proprio oggi dovevo forare una gomma? Perché quella persona mi ha detto così?», prova a dire a te stesso: «È successo questo, va bene, lo accetto. Come posso fare perché non accada più?» Se una persona non ti stima, inutile chiedersi perché, o perlomeno non ti ci soffermare troppo.

So che il "perché" è importante per molte persone: non c'è nulla di strano, siamo abituati così. La domanda preferita dai bambini è proprio: «Perché?» Ho una nipotina di quattro anni che sta vivendo la fase dei "perché". «Perché mamma? Perché papà? Perché?» Dopo due/tre risposte si cerca di dargli sempre la stessa, in modo tale che capisca che le cose stanno così, e alla fine c'è sempre il «Perché sì».

Quindi, "domande di qualità = vita di qualità". Pensa a dove le domande giuste hanno portato Albert Einstein; egli si fece una domanda: «Se io cavalcassi un raggio di luce, quale sarebbe la mia velocità? E se io mi mettessi a correre su questo raggio di luce, cosa succederebbe? E se io prendessi un raggio di luce e lo mettessi su di un razzo che va a mille chilometri l'ora, la velocità totale sarebbe data dalla somma della velocità della luce e da quella del razzo?» Ora, queste non sono ovviamente domande alla portata di tutti, non ce le poniamo certo tutti i giorni, ma il dover rispondere a quesiti di questo genere ha portato Einstein alle grandi scoperte che ha fatto, alla teoria della relatività e a tutta la fisica che dobbiamo a lui. E pensare che a scuola era stato bocciato in matematica...

In Giappone un interrogativo fondamentale che ci si pone in ambito professionale è: «Come possiamo migliorare ogni giorno?», oppure, «Come possiamo migliorare la qualità del nostro prodotto ogni giorno?» Evidentemente se è un paese con un elevatissimo livello qualitativo, è proprio perché i suoi abitanti si fanno le domande giuste. Questa stessa domanda me la faccio anch'io ogni volta che produciamo un ebook o un videocorso. Se mi chiedi: «Qual è il tuo ebook migliore?» e vuoi che te ne consigli uno, la mia risposta sarà sempre la stessa, ti dirò: «L'ultimo che ho scritto». Nella vita c'è un costante miglioramento della qualità, per cui il migliore è sempre l'ultimo.

Allo stesso modo, se una persona mi chiede: «Qual è stato il tuo anno più bello?» io le risponderò: «Quello attuale, l'ultimo» perché la mia domanda di base è: «Come posso migliorare?» Mi è capitato di lavorare con persone cui ho fatto questa domanda, una di loro mi rispose: «Eh, il mio anno migliore è stato il 2001, perché ho raggiunto un certo obiettivo». Così facendo, però, quella persona si è fermata al 2001. Troppo facile dire: «Si stava meglio in passato». Il problema nasce, anche in questo caso, da una domanda sbagliata. Quella giusta sarebbe: «Come posso fare per rendere quest'anno il più bello della mia vita?» Se ti farai questa domanda tutti gli anni, l'ultimo anno sarà sempre il più bello. È chiaro il potere delle domande?

SEGRETO n. 3: farti domande può aiutarti a focalizzare; ricorda però di farti domande di qualità per ottenere risposte di qualità. Chiediti "come?" e non "perché?".

Anthony Robbins dice: «Ogni mattina fatevi delle domande potenzianti». Ad esempio, domande come: «Cosa c'è di bello nella mia vita? Cosa posso imparare oggi? Cosa voglio imparare oggi? Di cosa sono grato nella mia vita? A chi voglio bene? Chi mi vuole bene?» Se quando ti svegli ti fai domande del genere, la tua vita può essere un tantino diversa. Pensaci. E la sera potresti chiederti: «Cosa ho imparato oggi? Cosa mi ha dato questa giornata? Che emozioni ho provato? Con chi le ho condivise? A chi voglio bene? Chi mi vuole bene?» Queste domande sicuramente ti gratificano e ti procurano un senso di tranquillità e di appagamento, che ti permette di andare a letto sereno e fare bei sogni. «Come posso migliorarmi oggi?» è un'ottima domanda della mattina. «Cosa ho fatto oggi per migliorarmi?» è un'ottima domanda della sera.

Invece non sarebbe bene se ti svegliassi e, come capitava a me un po' di anni fa, ti dicessi: «Oddio, già mi devo alzare, ma che ho fatto di male? Perché mi devo svegliare a quest'ora? Oddio, che devo fare oggi? Ehm...». Non sarebbe un buon modo di iniziare la giornata.

È molto diverso quando hai chiari i tuoi obiettivi e, svegliandoti, ti dici: «Oggi voglio imparare a fare questo, oggi voglio fare questa esperienza nuova, oggi voglio fare un passo in avanti verso il mio obiettivo, verso la mia missione personale. Oggi voglio leggere un libro, imparare di più in ambito di comunicazione» e così via.

Si racconta di un ebreo che era stato fatto prigioniero dai nazisti e voleva scappare. La sua domanda, la sua ossessione era: «Come posso fare per scappare da qui?» E quando si faceva questa domanda e lo raccontava ai suoi compagni questi gli rispondevano: «Tu sei pazzo, non ce la farai mai, lascia perdere, è inutile che perdi tempo. Non ci pensare, tanto da qui non scappiamo». Ma lui era ossessionato, diceva: «Io devo farcela, come posso farlo?»

Un giorno vide che stavano caricando su dei camion i cadaveri di altri suoi compagni, completamente nudi, e gli venne un'idea: si spogliò immediatamente e vi si gettò sopra, confondendosi fra essi. Aspettò; passò ore e ore là in mezzo fingendo di essere morto; quasi soffocato dal peso dei cadaveri e dal fetore, credendo di morire a sua volta. Finalmente venne scaricato altrove; attese la notte, uscì facendosi largo tra i corpi, e corse per quaranta chilometri completamente nudo. Era riuscito a scappare: aveva trovato la risposta alla sua domanda, alla sua ossessione. La parola "ossessione" in italiano può anche avere un'accezione negativa, ma se la tua ossessione è una domanda positiva, potenziante, che ti può aiutare a raggiungere un risultato, un obiettivo, esserne ossessionati è senza dubbio una cosa buona.

Ti assicuro che, se ti sveglierai con quelle domande il tuo stato d'animo migliorerà e l'autostima non solo crescerà, ma si abituerà a crescere. Sappiamo, infatti, che le convinzioni nascono anche dall'abitudine a dirsi certe frasi, a focalizzarsi su certi obiettivi. Acquisirai sicurezza in te stesso, tanto da raggiungere il peak state, ossia lo "stato-risorsa" che ti permetterà di conseguire i tuoi obiettivi, e questo farà crescere la tua autostima: è una conseguenza. Questo è solo uno dei pilastri, solo uno dei modi che hai a disposizione per raggiungere una piena autostima.

Non deve passare un solo giorno della tua vita in cui non impari nulla, perché altrimenti vorrà dire che stai perdendo il tuo tempo, la tua stessa vita. Mesi fa ho letto un aneddoto che diceva: «Se tu avessi 86.400 euro accreditati in banca per errore, andresti in banca a ritirarli e li spenderesti tutti, non è vero?» Tu hai veramente questo credito: ma è fatto di secondi, non di euro. I secondi forse sono più preziosi degli euro, perché ogni giorno abbiamo 86.400 secondi, e non sempre li usiamo tutti. Spesso sprechiamo questo credito che nessuno ci darà di nuovo, non raggiungendo i nostri obiettivi, ma perdendo tempo. Questo è uno dei motivi per cui negli ultimi sei anni ho letto oltre 2000 libri: perché non voglio sprecare il mio tempo. Se ho la possibilità di aumentare e velocizzare la mia crescita, intendo sfruttarla. E si può fare, perché si può leggere velocemente, ci sono tecniche per farlo. Ma soprattutto, se si ha la passione si trova sempre il tempo di leggere in qualsiasi momento.

Robbins racconta la stessa cosa, dice di aver letto settecento libri in pochi anni. Ma non importa la quantità, importa la passione che ci metti. Al tempo stesso Robbins dice: «Io facevo un corso a settimana, o anche ogni giorno, più che potevo, e i miei colleghi ne facevano uno al mese. In uno o due anni ho parlato in pubblico tantissimo, quasi tutti i giorni, e quello che i miei colleghi fanno in dieci anni, io l'ho fatto in un mese».

Questo puoi farlo anche tu, non pensare che per cambiare siano necessari tempi lunghissimi. Il cambiamento non è lento, anche se questa è una convinzione molto diffusa; non ci vogliono tempo, fatica, sofferenza. Anzi, Richard Bandler, il fondatore della PNL, afferma: «Il cambiamento è solo veloce». Se fai terapia perché hai un problema, il cambiamento che noti dopo anni può essere avvenuto negli ultimi cinque minuti dell'ultima seduta. Quando Bandler ha individuato la cura delle fobie, per esempio, ha studiato non le persone che ancora ne erano affette, ma quelle che ne erano già uscite. Era infatti convinto che le persone che sono guarite dalla fobia da sole siano le uniche a sapere come fare, anche se lo sanno solo inconsciamente. Ha quindi verificato cosa avessero in comune quelle persone e ha creato una strategia per guarire le fobie in cinque minuti, che descrive nel suo libro *Magia in azione* (ed. Astrolabio).

Allo stesso modo Robert Dilts, un altro grande esponente della PNL, ha studiato tutte le persone che avevano avuto la remissione spontanea del cancro e ha capito che ciò che avevano in comune erano una serie di convinzioni sul fatto che la terapia che stavano facendo avrebbe funzionato, indipendentemente da quale terapia stessero seguendo.

Le convinzioni però, purtroppo, non sono sufficienti per ottenere risultati, non offrono la sicurezza della guarigione; possono solo agevolare la terapia. Ecco perché il consiglio che do quando c'è di mezzo una malattia è di ascoltare sempre quello che dice il medico, perché più di lui non ne sa nessuno. Eventualmente puoi sentire pareri diversi, ma, una volta scelta la terapia da seguire, credici, perché le convinzioni ti daranno una spinta in più.

SEGRETO n. 4: svegliandoti al mattino, fatti domande potenzianti; influenzerai positivamente il tuo stato emotivo e la tua vita cambierà in meglio.

Faremo ora un piccolo esercizio sulle domande del mattino. Chiediti: «Cosa c'è di bello in questa giornata? Cosa voglio imparare? In che modo quello che imparerò oggi avrà conseguenza nella mia vita?» Ora prenditi cinque minuti per rispondere a queste domande.

Già il fatto di chiedersi come migliorerà la tua vita, con quello che imparerai oggi, presuppone che oggi imparerai qualcosa e che questo influenzerà la tua vita in qualche modo. Quindi le domande sono anche un ottimo strumento per lanciare altri messaggi. In linguistica si chiamano "presupposti", perché presuppongono che tu stia spostando l'attenzione verso una determinata risposta. Ad esempio, quando vai in un negozio e devi comprare qualcosa, non chiedere: «Posso avere lo sconto?» poiché una domanda del genere presuppone la possibilità di ricevere un "no" come risposta, semmai chiedi: «Quanto sconto mi fa?» Così facendo focalizzerai l'attenzione del tuo interlocutore sul "quanto", dando per certo che ti farà lo sconto.

Con le domande giuste puoi ottenere molte cose, perché, come ti dicevo, hanno il potere di spostare l'attenzione, ovvero pongono il focus su quello che vuoi. Nella vendita si dice che «chi domanda comanda», perché attraverso le domande puoi apprendere, capire le esigenze della persona e portare la sua attenzione sul prodotto che è per lui la soluzione più adatta alle sue esigenze.

SEGRETO n. 5: alcune domande possono anche essere un ottimo strumento per lanciare messaggi. Queste, in linguistica, vengono definite "presupposti", perché presuppongono un'affermazione dandola per certa.

Un altro strumento molto importante sono le "metafore". Ritorniamo all'esempio della festa. Tu vai alla festa e la tua metafora di vita, ad esempio, è che la vita è un sogno, è bella, piena d'amore. Per il tuo amico, invece, la vita è una battaglia. Te lo ricordi? Quindi tu vedrai scene che ti confermeranno che la vita è un sogno e lui scene che gli confermeranno che la vita è una battaglia.

Le metafore che utilizziamo nel nostro linguaggio modificano la nostra percezione della realtà, la rendono ancora più soggettiva. Se la tua metafora di vita è: «La vita è una guerra», vedrai dei nemici nelle altre persone e, nel conoscere qualcuno, di primo acchito tenderai a non fidarti. Quando ascolti le persone, fai caso alle metafore che utilizzano. Chi dice: «Ah, il tempo vola» usa, ovviamente, una metafora; vuol dire che ha trascorso momenti così belli, così felici, che il tempo è volato, è passato in un attimo. C'è chi invece il tempo se lo trascina, probabilmente perché ha un peso dentro. Spesso tendiamo a sottovalutare le singole parole mentre in realtà hanno un grandissimo significato.

Quando qualcuno mi dice: «Eh, mi sembra di avere un muro davanti!», gli rispondo: «Bene, prendi un trapano e scava, fatti una breccia nel muro, oppure scavalcalo, aggiralo». Cioè ricalco la sua stessa metafora, perché evidentemente per lui ha un significato, riprendo la sua stessa immagine e gli do la soluzione. Prenditi un minuto e scrivi qual è la tua metafora di vita: è un gioco, una battaglia, una guerra, un sogno? E ora prova a chiederti: «Bene, questa è la mia metafora. In che modo ha influenzato la mia vita?»

Esiste anche un uso negativo della metafora. Pensa ad esempio quando si definisce "guerra santa" un attacco terroristico, in cui c'è gente che arriva a suicidarsi pur di fare esplodere una bomba che fa morire altre persone. Lo stesso vale per la risposta americana al terrorismo, che è stata denominata *"enduring freedom"*, "libertà duratura", "pace duratura": in realtà si tratta sempre di guerra, anche se in risposta. Sono entrambe metafore e, purtroppo, anche queste funzionano.

Il linguaggio che utilizziamo conta molto e le metafore ancora di più, perché il cervello è più abituato a ragionare per immagini e simboli piuttosto che per semplici parole. Pensa se io dovessi spiegarti, da buon ingegnere, la formula della Legge di Ohm:

$$V = R \cdot I$$

Volt, resistenza, corrente elettrica in ampère. Se cercassi di spiegartela a parole ci metterei molto tempo, come è successo al mio professore quando l'ha spiegata a noi studenti. Pensa invece se usassi una metafora, servendomi di un concetto che tu già conosci molto bene. Immagina un tubo in cui scorre l'acqua dove, a un certo punto, improvvisamente viene inserita un'aletta che ostruisce, fa resistenza, quindi rallenta il flusso. Con la corrente succede la stessa cosa: se c'è un flusso di corrente e io metto una resistenza, il flusso è rallentato. Più alta è la resistenza, minore è la corrente che passa. Fine, spiegata la legge. Basta fare un paragone, una metafora, usando qualcosa che già conosci, e diventa molto, molto più facile rendere comprensibile qualsiasi concetto.

Gesù, rivolgendosi soprattutto a persone semplici, ha fatto un grande uso della metafora nelle sue parabole. Parlando a dei pescatori, non ha detto: «Andate in giro a convertire la gente», ma: «Vi farò pescatori di uomini». Per loro è stato molto più facile capire il concetto: dovevano fare la stessa cosa che già facevano tutti i giorni, applicandola alle persone. La metafora riesce a trasmettere un concetto in due parole senza doverlo spiegare.

Anthony Robbins racconta di quando una volta suo figlio venne a casa in lacrime, perché era morto un suo amichetto. Lui gli disse: «Eh lo so, è una cosa molto triste e tu non la capisci perché… sei un bruco». E il bambino, stupito, rispose: «Un bruco?» «Sì, sì, un bruco», disse Robbins. «Ma che intendi?» chiese il figlio.

«Tu sei un bruco e anche il tuo amico era un bruco; sai, il bruco è quello che si costruisce il bozzolo intorno e, quando succede, gli altri bruchi pensano che il loro amico stia morendo. Poi però esce dal bozzolo perché si è trasformato in una farfalla, vola via e dall'alto, dal cielo, vive una vita felicissima, molto più bella di quella precedente. Gli altri bruchi, però, continuano a pensare che lui sia morto e pensano che essi stessi dovranno morire prima o poi e, magari, guardano con ammirazione, con invidia le farfalle». La verità è che è solo una questione di punti di vista. E così il figlio si riprese, sorrise di quest'idea e disse: «Allora anch'io sarò una farfalla, papà?» e Robbins: «Sì, anche tu, anch'io e tutti noi». Con una metafora ha fatto capire anche a un bambino un concetto molto difficile da spiegare.

SEGRETO n. 6: le metafore che hai interiorizzato e che esprimi parlando modificano la tua percezione della realtà, rendendola soggettiva; utilizzale per semplificare il tuo linguaggio e trasmettere un concetto in due parole.

Come vedi, lo si può fare in maniera semplice, con parole chiare, con immagini simboliche che permettono di spostare l'attenzione da una parte all'altra, in questo caso, di portarla dalla morte alla vita. Le metafore e le domande sono quindi i due strumenti principali per spostare l'attenzione, per modificare il focus, che è il primo pilastro della gestione dello stato.

RIEPILOGO DEL GIORNO 1:

- SEGRETO n. 1: saper gestire il proprio stato emotivo porta ad acquisire una grande autostima.

- SEGRETO n. 2: il focus mentale è la capacità di focalizzare la propria attenzione su qualcosa.

- SEGRETO n. 3: farti domande può aiutarti a focalizzare; ricorda però di farti domande di qualità per ottenere risposte di qualità. Chiediti "come?" e non "perché?".

- SEGRETO n. 4: svegliandoti al mattino, fatti domande potenzianti; influenzerai positivamente il tuo stato emotivo e la tua vita cambierà in meglio.

- SEGRETO n. 5: alcune domande possono anche essere un ottimo strumento per lanciare messaggi. Queste, in linguistica, vengono definite "presupposti" perché presuppongono un'affermazione, dandola per certa.

- SEGRETO n. 6: le metafore che hai interiorizzato e che esprimi parlando, modificano la tua percezione della realtà, rendendola soggettiva; utilizzale per semplificare il tuo linguaggio e trasmettere un concetto in due parole.

GIORNO 2:

Il Potere del Linguaggio

Il secondo pilastro della gestione dello stato d'animo è il "linguaggio". Abbiamo già visto, parlando delle domande e delle metafore, quanto siano importanti le parole che usiamo. Ma ci sono alcuni elementi e meccanismi del linguaggio che vanno conosciuti un po' meglio. Vediamoli uno per uno.

Primo fra tutti bisogna considerare il **vocabolario** che utilizziamo. Tutti sappiamo che nella lingua italiana ci sono più di centomila parole. Gli ultimi vocabolari aggiornati, lo Zingarelli ad esempio, ne hanno circa centoventi/centotrentamila. Quante ne usiamo abitualmente, in media? Molte, molte meno, circa l'un per cento di quelle che abbiamo a disposizione: praticamente nulla. Usiamo sempre le stesse parole, forse perché ne conosciamo poche o perché siamo abituati a sentire sempre quelle anche dagli altri. Un altro motivo però è che ci piace rimanere nella "zona di comfort": utilizziamo le solite parole così come frequentiamo sempre le solite persone.

Da uno studio svolto negli Stati Uniti è emerso che circa il 70 per cento delle parole usate per descrivere emozioni rappresentano emozioni negative, solo il 30 per cento emozioni positive. Questo vuol dire che abbiamo pochi modi per esprimere la nostra felicità, mentre ne abbiamo molti di più per esprimere tristezza, depressione, rabbia e via di seguito. Perché questo è importante e in che modo può influire sulla nostra vita? Perché se ci etichettiamo in una certa maniera e con il nostro dialogo interiore ci diciamo che siamo tristi, depressi, stiamo male e continuiamo a chiederci: «Perché proprio a me?», non potremo che sentirci sempre peggio.

Più usiamo parole che esprimono negatività, più vivremo stati d'animo negativi dentro di noi. Ad esse saranno associate sensazioni, immagini mentali, suoni, frasi che ci ripetiamo dentro. A questo proposito, nel mio libro *Seduzione* utilizzo una metafora, quella del "jukebox". Immagina di avere un jukebox con tanti dischi contenenti ognuno uno stato d'animo diverso, riferito alle tue esperienze: c'è il disco dell'amore, quello della tristezza, della depressione, della felicità, della gioia. Statisticamente in questo jukebox ci sono più dischi che ti trasmettono emozioni negative. Ogni volta che usi una parola è come se ti avvicinassi al tuo jukebox, mettessi la tua monetina e selezionassi lo stato d'animo ad essa collegato. C'è insomma un legame diretto tra la parola che utilizzi e lo stato d'animo. Quindi, se dici: «Sono proprio arrabbiato!» e te lo dici con un tono di voce congruente, vivrai quello stato d'animo, e con il tuo jukebox richiamerai alla tua mente tutte le occasioni in cui sei stato arrabbiato. Quindi vedrai tutto negativo.

Ti è mai capitato, ad esempio dopo aver litigato con il tuo partner, di aver presenti all'improvviso esclusivamente i problemi che ti ha dato e di ricordare solo le occasioni in cui avete discusso? In queste situazioni sembra quasi che indossiamo un paraocchi che ci permette di vedere solo le cose più brutte. Quando sei felice, al contrario, i difetti del partner scompaiono e sembra tutto bellissimo.

Quindi, se usi parole che ti richiamano un certo stato d'animo, sei destinato a vivere in quel modo. Se nel tuo vocabolario hai più parole per descrivere stati d'animo negativi, questi saranno più frequenti nella tua vita rispetto a quelli positivi e ciò di certo non aiuterà la tua autostima, la tua sicurezza, la fiducia in te stesso, non faciliterà uno stato d'animo positivo.

Le parole che utilizzi sono molto importanti. A questo proposito, Robbins propone la "sfida mentale dei dieci giorni" che consiste nel non utilizzare, per dieci giorni, alcuna parola negativa. So che è difficile. L'idea gli venne in seguito a una riunione durante la quale arrivò a lui e ai suoi soci la terribile notizia che avevano un ammanco di 800.000 dollari. Erano tutti fuori di sé dalla rabbia, tranne uno che se ne stava lì tranquillo. Robbins gli si avvicinò e gli chiese: «Mi dici come ti senti? Non provi nulla?» Il suo collega gli rispose: «Sì, sono un po' irritato». E lui: «Irritato? Dovresti essere arrabbiato nero, non irritato... Che vuol dire irritato?» «Sì» rispose il collega «in effetti sono un po' stizzito». E Robbins, a quel punto furioso: «Come stizzito? Ma che parola è "stizzito"? A me viene da ridere pensando al termine "stizzito"». E in quell'occasione capì come le parole possano generare stati d'animo e come possano aiutare, quindi, a gestirli.

Se la prossima volta che sarai arrabbiato, invece di dirti: «Sono arrabbiatissimo», proverai a dirti: «Sì, sono stizzito», io ti assicuro che non solo cambierà il tuo stato d'animo, ma ti verrà da ridere, perché la parola "stizzito" è talmente ridicola che quello stato d'animo negativo si interromperà subito. So che funziona perché l'ho sperimentato su di me; già con me è impossibile litigare, ma quelle poche volte che qualcuno mi ha fatto innervosire, ho provato questa tecnica e mi sono detto: «Sono stizzito, sono inalberato!» ti garantisco che funziona davvero.

Infatti se dici a te stesso: «Sono arrabbiatissimo, sono arrabbiato nero!», per coerenza assumerai un atteggiamento, una postura e vivrai degli stati d'animo relativi all'arrabbiatura. Il vocabolario che usi è molto importante perché, soprattutto quello emozionale, decide il tuo stato d'animo. Se ti capiterà, a meno che non ti sia già successo, di andare a un corso di Anthony Robbins o di leggere un suo libro, noterai che lui usa parole come "straordinario", "appassionante", "emozionante". Non dice «È bello», dice sempre: «È straordinario, è fantastico», e alla fine ti fa stare talmente bene quando lo senti parlare, da farti capire come la sua visione del mondo sia veramente un sogno. E a tua volta dici: «Che bello, ma la vita è davvero così bella? Non me n'ero mai accorto!» Certo, se usi solo parole negative riferite a te o agli altri, se ce l'hai con il mondo, probabilmente la tua metafora di vita sarà la guerra: sarai arrabbiato con tutti, vedrai tutti arrabbiati, ti sembrerà di essere circondato da nemici. Dire: «Sono stizzito, sono inalberato, sono irritato, sono un po' nervoso», è molto diverso rispetto ad "arrabbiato", "furioso" e così via. La prossima volta che ti capiterà di litigare con qualcuno prova a dire: «Sì, mi hai fatto stizzire!», e vedrai che ti metterai a ridere.

Durante un corso qualcuno mi ha chiesto se in questi casi non c'è il rischio di cadere nel cosiddetto "pensiero positivo". Non basta dire: «Va tutto bene, che bello!» No, qui si tratta di dare la giusta definizione agli stati d'animo. Quindi, mi posso anche arrabbiare, ma voglio decidere io quanto deve essere intensa la mia emozione. So che se mi metto in uno stato di arrabbiatura non concludo nulla e non vedo soluzioni; se mi stizzisco solamente, comunque l'emozione l'ho provata. Ho capito che c'è un problema, non faccio finta di nulla pensando che vada tutto bene lo stesso, ma riesco a dare il giusto nome alle situazioni, un nome potenziante che mi aiuta a trovare la soluzione. Se arriva una persona che ti dice: «Tu hai un buco di 800.000 dollari», e tu rispondi: «Bene, sono stizzito, concentriamoci piuttosto sulla soluzione», questo sarà uno stato d'animo potenziante. Se ti farai sopraffare dalla rabbia, magari inveirai calorosamente contro chi ha causato l'ammanco e rischierai di finire in prigione; se te la prenderai con i tuoi collaboratori e li offenderai, non otterrai nulla.

È altrettanto importante vivere emozioni positive, più belle. Invece di dire: «Sì, mi sento bene», prova a dire: «Mi sento alla grande! Sto meravigliosamente bene!»; il tuo stato emotivo ne beneficerà. Pensa che John La Valle, socio di Richard Bandler, chiede sempre a tutti: «How do you do?», «Come stai?», e se gli rispondi: «Fine», «Bene», si arrabbia da morire. Sì, tanto che ha addirittura inventato l'acronimo F.I.N.E., che ha un significato simile a "sei un uomo morto" o qualcosa del genere. Invece rispondi: «Great!», ovvero: «Mi sento alla grande!», perché potenzia il tuo stato; se dirai: «Sto alla grande», infatti, ti comporterai "alla grande". Sì, perché raggiungerai il peak state che ti permetterà di rendere massimi i risultati che potrai ottenere in qualsiasi circostanza. Tanto è vero che se il tuo dialogo interiore ti dice continuamente cose positive e potenzianti, per coerenza tenderai a sentirti sempre più positivo e motivato e lo esprimerai con ogni tuo atteggiamento.

Quando una persona a cui chiedi: «Come stai?» ti risponde: «Benissimo!», tu replica: «Oh, davvero? Bene, sono contento». Ti metterà di buonumore e penserai di essere felice di stare con una persona positiva. Una persona che invece ti dice sempre: «Non c'è male», avrà su di te un effetto peggiore che se ti rispondesse semplicemente: «Bene», perché la sua risposta non solo non è particolarmente potenziante a livello di stato emotivo ma si focalizza sulla negatività. Ovviamente non ti chiedo di dire: «Sto benissimo!» anche quando stai male, ma di provare a dire: «Non mi sento molto bene», «Non mi sento benissimo», «Non mi sento ancora in splendida forma», «Non mi va alla grande», piuttosto che: «Sto malissimo». Usa comunque parole positive anche per esprimere il contrario, aggiungendo il "non".

Ricapitolando, se vuoi esprimere emozioni positive, usa termini fantastici, straordinari, appassionanti. Mettici passione quando rispondi. Se invece stai male, e può capitare, usa il "non" e il termine positivo, quindi: «Non sto bene», «Non sto benissimo»,

«Non sto al massimo», «Non sto in splendida forma». In questo modo userai solo parole positive, sia quando stai bene che quando stai male. Non negare il fatto di stare male, come avviene nel "pensiero positivo", ma fa' semplicemente un uso saggio della linguistica, perché ciascuna parola è associata a uno stato d'animo. Quindi, dicendo "non bene" anziché "male", ti metterai in una condizione emotiva migliore, che ti aiuterà a tornare a uno stato d'animo di benessere. Essere attenti al proprio "vocabolario" significa quindi fare un uso intelligente e utile del linguaggio.

In questi casi si parla di **vocabolario trasformazionale** perché le parole trasformano stati d'animo negativi in stati d'animo positivi. Si tratta di nozioni sul linguaggio che vengono approfondite nei corsi e nei testi di comunicazione; in questo caso stiamo parlando di "stati d'animo", quindi di quello che provi dentro di te, della tua autostima, della tua sicurezza, delle tue sensazioni, della tua capacità di comunicare con te stesso.

Se stai bene con te stesso starai bene anche con gli altri e comunicherai in maniera positiva. Uno dei miei migliori amici è una persona che mi dice sempre di stare benissimo, alla grande, che è felice, che va bene sul lavoro, con la fidanzata. Insomma, va bene tutto. Non l'ho mai sentito dire una cosa negativa o lamentarsi, e ha sempre il sorriso sulle labbra, e so che è una persona vera, non è un atteggiamento esteriore, perché lo conosco molto bene. Ti assicuro che ogni volta che lo incontro sono contento e automaticamente mi sento meglio. Non vedo l'ora di stare con lui e fare due chiacchiere, perché mi trasmette energia positiva.

In qualche modo, quindi, anche stare bene con se stessi e avere un dialogo interiore positivo porta a comunicare bene con gli altri. Ecco perché è importante farsi le domande giuste e avere una metafora di vita potenziante. Se vivi la vita in un certo modo, il linguaggio e il vocabolario che utilizzerai saranno una conseguenza. Se la tua metafora è che la vita è un sogno, parlerai di sogni, di emozioni, di amore.

Usare bene il tuo vocabolario vuol dire anche che puoi prendere una parola, una definizione, un'etichetta che ti sei dato e vedere se può avere anche un altro significato. La parola "timido", ad esempio, può assumere un significato diverso quando sei piccolo o adolescente rispetto a quando sei adulto. Oggi penso che un timido sia semplicemente una persona che sta bene con se stessa, e questa è una grandissima qualità, non un difetto.

La vera difficoltà del nostro tempo, infatti, è stare soli; la solitudine è una delle sensazioni più odiate. Ho un amico, per esempio, che tutte le sere mi chiama per chiedermi: «Stasera usciamo?», io gli rispondo: «Bene, che facciamo?», e lui ogni volta replica: «Non lo so, usciamo e poi decidiamo». E regolarmente io gli spiego che se abbiamo qualcosa da fare, un obiettivo, esco volentieri con lui, ma se dobbiamo uscire tanto per fare qualcosa allora preferisco restare a casa, guardarmi un film, leggermi un libro o fare altro. È essenziale avere chiaro quello che vuoi, quello che è importante per te, e decidere in base a quello. Ciò non toglie che se una sera ho voglia di non fare nulla posso uscire con il mio amico anche senza una meta particolare, ma se tutte le sere lui deve soddisfare il bisogno di non stare da solo è lui che deve lavorare su se stesso, e basta.

SEGRETO n. 7: usa termini potenzianti per esprimere emozioni positive e termini positivi accompagnati dal "non"

per esprimere emozioni negative; ti aiuterà a gestire il tuo stato d'animo.

Ogni parola può significare tante cose, perché la realtà è soggettiva. Ciò che per me è timidezza per te può essere un'altra cosa. In PNL si parla, infatti, di *nominalizzazioni,* ovvero termini astratti, generici, a cui si possono attribuire vari significati. Prendere una parola e, aiutandosi con il vocabolario, scoprire le varie accezioni linguistiche che può avere o semplicemente i vari sensi che può assumere per ognuno di noi, è un'operazione definita **ristrutturazione**. Si tratta di una delle prime strategie, tecniche, teorie nate in Programmazione Neuro-Linguistica. Bandler ha dedicato a questo argomento un libro intitolato proprio *La ristrutturazione*, nel quale, essendo un tipo divertente e un po' bizzarro, affronta questo tema con molta ironia. Egli parla di due tipi di ristrutturazione: quella del "significato" e quella del "contesto".

Se affermi che essere timido vuol dire anche "saper stare da solo" e quindi "essere sicuro di sé", ristrutturi il significato dell'aggettivo "timido". Di fronte a qualsiasi parola, etichetta, convinzione, fatti questa domanda: «Che altro significato può avere?» Io, per esempio, ho lavorato con una mia zia, maniaca della pulizia, riprendendo la stessa sessione che aveva fatto Bandler con una cliente, usando la stessa tecnica. Mia zia era convinta che dovesse essere tutto preciso, ordinato, pulito; pretendeva che, entrando in casa, ci si togliesse le scarpe e altre cose del genere.

Sono andato da lei, eravamo soli in casa, e ho cominciato a lusingarla dicendole: «Guardati intorno, hai appena finito di pulire tutto, è bellissimo. Il tappeto è pulitissimo, la cucina tutta in ordine, le stanze perfette, questa casa brilla, è tutto splendente!» E lei, tutta contenta, diceva: «Sì, sì, è vero; finalmente uno che mi capisce».

E poi ho continuato: «Guarda, non c'è un granello di polvere per terra e… renditi conto che questo vuol dire che in casa non c'è nessuno e che *tu sei sola*! Ora immagina, invece, che il tappeto sia sporco: ci sono due impronte proprio al centro. Però guardati intorno, c'è tuo marito, ci sono i tuoi figli, ci sono persone felici. Questa è la tua famiglia, sii contenta di questo». E a lei, improvvisamente, è tornato il sorriso. Facendo questo, ho semplicemente ristrutturato il significato della parola "pulizia". Ho detto: «Bene, per te fino a ieri "pulizia" significava questo; sappi che può significare anche altro. Vuoi tutto pulito? Bene, ma sei sola. Invece avere tante persone vicine, la tua famiglia, i tuoi figli, cosa che sicuramente ti fa star bene, significa che ti dovrai accontentare: il tappeto non sarà sempre pulito, le camere non saranno sempre in ordine, ma questa è la tua vita, felice ed emozionante».

Ho cambiato la neuro-associazione che mia zia aveva impostato tra il termine "pulizia" e lo stato di "benessere" e ne ho creata una nuova, diversa, tra "pulizia" e "solitudine". In questo modo, cambiando l'associazione è cambiato anche lo stato emotivo legato al termine "pulizia": da attrazione maniacale a diffidenza, distacco, quasi repulsione. È venuta quindi meno la mania che mia zia si era creata, che si era costruita e che la rendeva insopportabile agli occhi degli altri. Come ti dicevo, Bandler aveva usato esattamente questa stessa tecnica con una sua cliente, e anche in quel caso aveva funzionato. La PNL, del resto, funziona per definizione, perché non è stata inventata ma è stata scoperta; ha preso ciò che funzionava e l'ha trasformato in tecniche, in strategie. Se uno le prende e le applica così come sono, funzionano.

SEGRETO n. 8: grazie alla ristrutturazione del "significato" di un termine riusciamo ad attribuirgli un senso differente da quello che originariamente aveva.

Abbiamo visto in che cosa consiste la ristrutturazione del significato, vediamo ora cosa si intende per ristrutturazione del contesto. Si può cambiare, infatti, anche il contesto di una situazione. Ti faccio un esempio. Tempo fa, in casa, mia moglie mi ha detto: «Tu sei un testardo!» io ho replicato: «Sì, è vero, sono decisamente una persona molto determinata. E lo sai che sono così, lo hai visto sul lavoro». Quindi ho preso la parola "testardo", l'ho trasformata in "determinato" e ho cambiato il contesto. Ho trasportato una critica che mi era stata fatta in un contesto familiare nel contesto professionale. Poi ho aggiunto: «E in effetti è proprio grazie alla mia determinazione che ho avuto successo nella mia professione».

Con la ristrutturazione, quindi, puoi attribuire un significato o un contesto diverso alle singole parole; quello che in un certo contesto può sembrare un difetto, in un altro può essere considerato un grande pregio. La PNL studia anche i **metaprogrammi**, ovvero i diversi schemi secondo cui le persone ragionano. Ci sono persone che, ad esempio, sono portate a notare tutto ciò che non va e per questo normalmente vengono considerate rompiscatole; nelle aziende, invece, persone così vengono valutate molto positivamente e spesso inserite al controllo di qualità, proprio per la loro capacità di analizzare i dettagli.

Ti faccio un altro esempio: immagina di vedere il disegno di un pesce tranquillo e felice in un quadro che potrebbe essere il tuo televisore. Allargando l'inquadratura, scopri però che dietro di lui c'è un pesce enorme con i denti affilatissimi, che sta per mangiarselo. Questo è il nuovo quadro: quel pesciolino, che ti sembrava tanto felice, adesso lo vedi impaurito. Ma, allargando ancora di più l'inquadratura, noti un terzo pesce perfino più grande del secondo e con denti più affilati, magari uno squalo, che insegue entrambi. Tutto sommato, il secondo pesce, che sembrava tanto cattivo, perché dava l'idea di volersi mangiare il pesciolino piccolo, a sua volta non è che una povera preda del pesce ancora più grande. Magari questo quadro rappresenta il normale destino dei pesci: l'uno mangia l'altro, il più grande mangia il più piccolo. Il significato, come vedi, cambia in base alla cornice che gli metti intorno. Quindi tu puoi prendere una parola, una frase, una critica, una situazione, un'etichetta, un difetto, quello che vuoi, e cambiarne la cornice. In questo modo attribuirai a ciascuno di questi elementi un nuovo significato o un nuovo contesto in cui siano più funzionali, cioè una nuova struttura. Infatti si dice "ristrutturare" o "re-incorniciare".

Adesso ti propongo un piccolo esercizio: pensa a cinque critiche che ti senti rivolgere o cinque tuoi difetti o cinque parole che non ti piacciono, per esempio: «Io sono troppo timido», «Io sono troppo testardo», «Mi dicono che sono una persona permalosa» e prova a ristrutturare queste espressioni, a re-incorniciarle. Se, per esempio, una delle frasi è: «Io sono troppo testardo», ti chiederai: «Bene, testardo cos'altro significa? Essere determinato? In quale altro contesto la testardaggine e la determinazione mi possono essere utili o mi sono tornate già utili? Magari nel contesto professionale» e così via.

Mentre ci pensi ti rendi conto, dunque, quanto sia importante l'uso del linguaggio per gestire al meglio il tuo stato d'animo. Due mezzi fondamentali sono il vocabolario che utilizziamo e la ristrutturazione, essi ci permettono di cambiare il significato delle parole o di attribuire loro un nuovo contesto, più funzionale, nel quale quel difetto o quella critica che ci hanno fatto possono assumere un senso diverso.

SEGRETO n. 9: la ristrutturazione del "contesto" consiste nel cambiare contesto a una parola, attribuendo ad essa un significato diverso.

Altro strumento importantissimo sono gli **operatori modali**, e cioè quei verbi come "volere", "potere", "aver bisogno di", "avere la necessità di" e via di seguito. Essi, a seconda dell'uso che ne fai, cambiano il tuo stato emotivo nei confronti dell'azione indicata dal verbo, facendoti sentire motivato a darvi seguito o meno. Ad esempio, una frase come «Io voglio partire domani», esprime una volontà, un desiderio. Ti farai un certo tipo di immagini, di filmati, attraverso "submodalità"; queste sono, come detto prima, quelle caratteristiche con cui, a livello inconscio, crei le immagini all'interno della tua mente. Dire «voglio», «posso» o «devo» cambia completamente il tuo approccio nei confronti dell'azione che devi compiere. A seconda dei vocaboli che scegli cambia la tua motivazione. In questo modo il linguaggio ha veramente il potere di influenzare quello che provi dentro di te.

John La Valle e Richard Bandler, pensando proprio all'importanza delle singole parole che utilizziamo, hanno creato la "Persuasion Engineering", ingegneria della persuasione, che viene applicata a corsi di vendita molto avanzati, dedicati alla persuasione, e descritta nel libro a doppia firma *Persuasion Engineering* (ed. Roberti). Essi addirittura sostengono che non devi, come si insegna in molti corsi di vendita, parafrasare quello che dicono gli acquirenti, cioè ridire in altre parole quello che loro chiedono ma, per dimostrare di aver capito il loro bisogno, è più opportuno ripetere esattamente gli stessi operatori modali da loro usati.

Ad esempio, il cliente che si reca presso un'agenzia immobiliare probabilmente ha già in mente una certa immagine di ciò che intende acquistare. Magari ha già visualizzato la sua bella casa, sa che la "vuole" in questo modo, che "deve" avere questo e "ha bisogno" di quest'altro. Se cambierai gli operatori modali, magari usando solo il verbo "volere" per qualsiasi sua richiesta, modificherai, senza accorgertene, la sua realtà. In altre parole non gli darai esattamente quello che ti ha chiesto, ma una cosa simile.

Quindi, se il cliente afferma: «Io "ho bisogno" di una casa che abbia il parquet, poi "devo" avere due bagni e "voglio" che tutti i soffitti siano alti quattro metri», e il venditore risponde: «Ho capito, "vuole" una casa che abbia il parquet, due bagni e i soffitti alti quattro metri», usando solo il "vuole" avrà parafrasato, cioè ridetto più o meno le stesse cose che ha chiesto l'acquirente. Quel "più o meno" secondo Bandler e La Valle non va bene, perché se quella persona ha detto: «Io "ho bisogno" del parquet, "devo" avere due bagni e "voglio" i soffitti alti», tu dovrai ripetere gli stessi operatori modali, altrimenti modificherai il significato delle cose.

Una volta ho preso un taxi e ho chiesto al conducente: «Mi porti al tale hotel». Il tassista non ha risposto, non ha detto: «Sì», né ha ripetuto il nome dell'hotel, nulla. Si è limitato a mettere in moto, il che mi ha comunicato che aveva capito, più o meno, ciò che avevo detto, ma non potevo averne la certezza, perché non mi aveva dato una risposta, un feedback; era mancata una parte di comunicazione. Se mi avesse risposto: «Va bene», avrei pensato che, tutto sommato, aveva recepito quello che avevo detto, ma solo se avesse replicato: «Ah, vuole andare a questo hotel? Bene, la porto subito», cioè, solo se avesse ripetuto esattamente le mie parole, ne sarei stato veramente sicuro.

È importante, quindi, ripetere esattamente le stesse parole. Bandler, per esprimere questo concetto, usa il termine "pappagallare", ovvero ripetere precisamente ciò che ha detto il nostro interlocutore, invece di parafrasare cambiando alcuni termini; ma sottolinea che bisogna ripetete a pappagallo tutte le informazioni importanti. Non qualunque informazione, quindi, ma solo quelle importanti. Gli operatori modali sono informazioni molto importanti: se usi un "voglio" anziché un "devo", o un "preferisco" al posto di un "ho bisogno" cambierai il tuo approccio, la tua motivazione nei confronti della situazione che devi affrontare. Se, ad esempio, usi un "devo", probabilmente ti sentirai strozzato, costretto a fare una cosa, ti dirai: «Lo devo fare e basta». Quindi ogni volta che vuoi comunicare in maniera precisa, ripeti gli stessi operatori modali, la stessa comunicazione, perché è la più efficace possibile. Non ripetere tutto esattamente ma solo quelle parole che percepisci come importanti e, in particolare, gli operatori modali; tralascia invece le informazioni inutili. Ricordo che durante il corso di *Ingegneria della persuasione* il trainer è entrato e ha detto: «Allora, inizio da subito con un esercizio. Io voglio una casa che abbia il parquet, ho bisogno di due bagni, devo avere i soffitti alti», proprio come il cliente dell'esempio di poco fa. Punto; l'aveva scritto sulla lavagna ma l'aveva girata senza aver spiegato ancora la "teoria degli operatori modali". Poi ha detto: «Adesso facciamo finta che voi siate tutti venditori di case e io voglio essere sicuro di affidarmi a una persona che mi ascolti; quindi ciascuno di voi deve ripetermi esattamente quello che io ho chiesto».

A turno abbiamo alzato la mano, ma nessuno ha ripetuto esattamente quello che lui aveva chiesto. Nessuno ha usato gli stessi operatori modali o, comunque, non nello stesso ordine, né associandoli alla cosa giusta. Magari abbiamo riferito il "voglio" a un aspetto che era stato indicato con il "devo" o viceversa. Nessuno, su cinquanta persone presenti, ci è riuscito, dunque nessuno aveva ascoltato veramente, pur essendo tutti venditori; non a caso si trattava di un corso di vendita avanzata. Quindi, fai molta attenzione sia quando comunichi qualcosa agli altri, sia quando gli altri la comunicano a te, sia quando parli con te stesso. Non usare gli operatori giusti può crearti problemi di stato emotivo e quindi di autostima.

Se nella tua vita ci sono troppi "devo" vuol dire che sei sempre sotto pressione, sotto stress. È difficile preoccuparsi della propria crescita personale, della propria autostima, della propria sicurezza se sei sempre sotto pressione, se non hai un secondo libero. Ma già solo cambiare il «devo fare questo» con un «voglio fare questo», crea una spinta diversa, ti fa affrontare la situazione con il sorriso, anche se è una cosa che magari non ti andava di fare. Per renderti più chiaro cosa intendo, ti riporto la trascrizione di una dimostrazione svolta in aula.

****

GIACOMO: Bene, ora faremo questo gioco con Carla. Dimmi una cosa che devi fare nei prossimi giorni.

CARLA: Andare dal dentista.

GIACOMO: Devi andare dal dentista. Ti va di andarci?

CARLA: Nì.

GIACOMO: Nì. Prova a dire: «Io "voglio" andare dal dentista», e dillo convinta.

CARLA: Io *voglio* andare dal dentista.

GIACOMO: Bene. Adesso ti va di più di prima?

CARLA: Incredibile, sì!

GIACOMO: È diverso?

CARLA: Fantastico! Non vedo l'ora…

GIACOMO: Non vedi l'ora…? Che sensazioni provi rispetto all'andare dal dentista?

CARLA: Mi sento tutta euforica…

GIACOMO (*ridendo*): Va bene. Vediamo, ora prova a dire: «Io "posso" andare dal dentista».

CARLA: Io *posso* andare dal dentista.

GIACOMO: Bene. Che sensazione provi a dire questo?

CARLA: Che ci posso andare, sono tranquilla…

GIACOMO: Ci puoi andare, sì, e puoi anche non andarci…

CARLA: Posso anche non andarci…

GIACOMO: Sì, perché il "posso", in un certo senso, mette in dubbio la frase stessa. Per cui quando ti vuoi motivare a far qualcosa, se dici: «Sì, posso farlo» ti verrà poi spontaneo chiederti: «Bene, posso farlo; ma lo farò o non lo farò?» Ragionate sull'operatore modale da utilizzare quando vi volete motivare a fare qualcosa. Bene, torniamo a noi. Ora dì: «Io "ho bisogno" di andare dal dentista».

CARLA: Io *ho bisogno* di andare dal dentista. E qui è grigia eh...?

GIACOMO: È "grigia"? Ricordate: le metafore e le parole che le persone usano, non sono casuali. Ora, non so cosa ci sia nella sua testa. Probabilmente c'è un'immagine grigia. Ciò che voglio dire è che se lei ha affermato: «È grigia» è perché ha visto il grigio. Bisognerebbe esplorare, ma probabilmente è così. Le parole che utilizziamo, infatti, rappresentano effettivamente l'immagine che abbiamo visto. Lei ha detto: «È grigia», perché ha utilizzato l'operatore modale "ho bisogno", che mette ansia. Bene, ora dì: «Mi "piacerebbe" andare dal dentista».

CARLA: Mi piacerebbe andare dal dentista.

GIACOMO: Che fatica dirlo con un tono congruente, vero?

CARLA: Riprovo?

GIACOMO: Vai, più convinta!

CARLA: Mi *piacerebbe* andare dal dentista.

GIACOMO: Bene, allora fissiamo subito l'appuntamento. Quando ci vai?

CARLA: Dovevo andare mercoledì, ma preferisco anticipare a lunedì…

GIACOMO: Ecco, vai prima. Che sensazione provi? Div…

CARLA: Divertimento!

GIACOMO: Divertimento, bene. Io stavo dicendo: "diversa", ho detto solo: "div…" e tu hai detto: "Divertimento"!

CARLA: Volevo dire che è divertente già solo pensare che io non veda l'ora di andare dal dentista.

GIACOMO: Hai paura del dentista, in generale?

CARLA: No, mi dà fastidio stare con la bocca aperta per due ore. Non ho paura.

GIACOMO: Però ti piacerebbe andarci…

CARLA: In questo momento sì.

GIACOMO: Hai visto come cambia l'atteggiamento? Se dovessi descrivere ai tuoi colleghi cosa è cambiato in te tra un operatore modale e l'altro, cosa diresti?

CARLA: Nel momento in cui cambio l'operatore modale mi cambia la fisiologia, cambiano le sensazioni interne e anche quello che visualizzo dentro di me.

GIACOMO: Fisiologia, sensazioni interne, ciò che visualizzi dentro di te: tutto!

CARLA: Anche se so che si tratta solo di un esercizio, comunque cambia effettivamente.

GIACOMO: Lei dice che facendo questo esercizio si può concentrare maggiormente sul punto in cui avverte delle sensazioni o sul tipo di submodalità legate alle sensazioni stesse. Magari Carla percepisce il "devo" come un qualcosa che le preme sulla testa. Queste ovviamente sono le sue submodalità, è la sua idea. Io potrei avvertire sensazioni a livello dello stomaco, voi altrove, però sentite che le sensazioni sono diverse. È esattamente questo lo scopo dell'esercizio: dimostrare che l'uso di una parola piuttosto che un'altra può cambiare lo stato emotivo di una persona.

Le parole sono fondamentali per vivere stati di picco. Va bene, facciamole un applauso. Grazie.

****

Volendo imparare a gestire bene lo stato d'animo, e quindi a controllare le tue sensazioni, l'autostima, la sicurezza, appare ormai chiaro come anche le parole e gli operatori modali esercitino un'influenza determinante. Se ti abitui a dire: «Sì, io "non vedo l'ora" di fare il corso», «Io "voglio" andare a lavorare questo sabato e domenica», «Io "desidero" seguire un corso di formazione perché mi sarà utile nella vita», la tua sensazione sarà molto diversa rispetto a quella di chi si sente obbligato e dice: «Devo». Se ti senti obbligato a seguire un corso, ma poi ti trovi bene, ti rendi conto che stai imparando cose nuove e ti senti soddisfatto, sicuramente anche a livello di linguaggio ci sarà un passaggio dal «Devo stare qui» al «Sono contento di stare qui. Voglio stare qui. Voglio seguire con attenzione perché mi piace». Sicuramente, a livello mentale, si verifica un cambiamento nell'uso dell'operatore modale.

Ma vale anche il contrario: se tu cambi l'operatore modale, ci sarà un cambiamento a livello di stato d'animo. Chiediti: «Cosa devo fare nella prossima settimana, domani, stasera?», cambia uno per uno gli operatori modali e osserva quale sarà la tua reazione. Vedrai che lo stato d'animo cambierà completamente.

Mi è capitato di lavorare con un ragazzo che aveva tutti "devo" nella sua testa: «Devo fare questo», «Devo andare al lavoro dalla mattina alla sera», «Arrivo alla sera e devo fare quest'altro», «Devo uscire perché altrimenti sto male» (è sempre la persona di prima, quella che mi chiama tutte le sere per uscire...) «Devo, devo, devo». Gli ho detto: «Se vivi così sarai sempre sotto stress, sotto pressione, non ti riposerai mai, non ti rilasserai e sarai sempre in tensione. Prova a fare solo questo. Togli il "devo" e metti il "voglio". Dì a te stesso che "vuoi" andare a lavorare perché comunque è il lavoro che hai scelto, che ti piace. Ci "vuoi" andare, non "devi"».

Se io mi dicessi: «Devo tenere un corso questo weekend, devo scrivere un libro» sarebbe pesante, perché già lavoro dal lunedì al venerdì. In realtà, per me è un piacere. Anzi, direi che nel momento in cui scrivo si condensa tutto il lavoro che ho svolto nel tempo e tutti gli interessi che ho, per cui dirò: «Voglio scrivere il mio libro, non vedo l'ora di condividere il mio sapere con i miei lettori!» Quindi, una parola può veramente cambiare lo stato d'animo e il tuo modo di affrontare la vita.

SEGRETO n. 10: gli operatori modali sono verbi come "volere", "potere", "aver bisogno di" e, a seconda dell'uso che ne fai, cambiano il tuo stato emotivo nei confronti dell'azione indicata dal verbo stesso e ti motivano o meno a darvi seguito.

Hai notato come lo stato d'animo si modifichi veramente cambiando un singolo verbo, un singolo operatore modale? E non sono solo gli operatori modali a fare la differenza, ma anche il tempo stesso del verbo. Prova a coniugare il tempo del verbo. È diverso se usi il condizionale o il futuro piuttosto che il presente. Questa tecnica, che comporta la modifica del verbo, è definita "distorsione temporale". Io, ad esempio, uso il presente per avvicinare maggiormente a me l'obiettivo. Pensa a quando dici tranquillamente agli amici: «Allora, domani andiamo al cinema?»

Nel dire: «Domani andiamo», usi il tempo presente, mentre, di regola, con il termine "domani" si accorderebbe il tempo futuro.

Il fatto di usare il presente avvicina, rende più concreto l'obiettivo, quindi sembra già di viverlo, sembra già di andare al cinema. Se dici: «Domani parto», piuttosto che: «Domani partirò» o: «Domani partirei», la tua meta ti sembrerà più vicina. Puoi fare questo esercizio anche con gli operatori modali: "voglio" anziché "vorrei", e così via. Questa particolarità della nostra lingua non la troveremo certo spiegata nei testi di grammatica italiana! La adottiamo abitualmente senza avere la consapevolezza che usare il presente dà un senso maggiore di certezza, benché, volendo, l'uso del presente al posto del futuro sia grammaticalmente improprio.

La grammatica, infatti, non prende in considerazione le sensazioni o le emozioni legate a una parola, a uno stato d'animo. Al contrario, la linguistica, in particolare la Programmazione Neuro-Linguistica, si occupa proprio di questo, di come il linguaggio influenzi i nostri processi neurologici, le nostre emozioni, i nostri stati d'animo.

Quanti obiettivi abbiamo mancato perché abbiamo usato il tempo verbale sbagliato? Guarda caso, diciamo sempre: «Sì, da lunedì mi metterò a dieta», «La settimana prossima cambierò le mie abitudini», e così via. Perché se quando siamo sicuri di una cosa usiamo il presente, quando vogliamo prendere un impegno non facciamo la stessa cosa?

L'uso di un tempo al posto di un altro va addirittura a modificare il tuo stato d'animo, il "come" ti poni nei confronti della persona con cui stai comunicando o di te stesso, se sei tu il destinatario della comunicazione.

SEGRETO n. 11: con la distorsione temporale si usa il tempo verbale "presente" ove sarebbe richiesto il "futuro", per rendere più vicina e concreta l'azione espressa dal verbo stesso.

Il focus e il linguaggio sono quindi due pilastri che regolano il modo in cui percepisci la realtà, determinano quelle convinzioni che creano l'autostima e, in generale, influenzano il tuo stato emotivo e il tuo modo di vivere. Hai notato che la persona che ha fatto la dimostrazione ha affermato che cambiare operatore modale e usare il "voglio", non solo ha modificato le sue emozioni ma addirittura la sua postura, la sua fisiologia? Succede proprio questo: ti poni in un modo diverso. Dicendo: «Voglio fare questo», ti sembra di allargarti, di aprirti al mondo, il tuo stato emotivo cambia, ti senti molto più determinato. Non a caso la "fisiologia" è il terzo pilastro.

RIEPILOGO DEL GIORNO 2:

- SEGRETO n. 7: usa termini potenzianti per esprimere emozioni positive e termini positivi accompagnati dal "non" per esprimere emozioni negative; ti aiuterà a gestire il tuo stato d'animo.

- SEGRETO n. 8: grazie alla ristrutturazione del "significato" di un termine riusciamo ad attribuirgli un senso differente da quello che originariamente aveva.

- SEGRETO n. 9: la ristrutturazione del "contesto" consiste nel cambiare contesto a una parola, attribuendo ad essa un significato diverso.

- SEGRETO n. 10: gli operatori modali sono verbi come "volere", "potere", "aver bisogno di" e, a seconda dell'uso che ne fai, cambiano il tuo stato emotivo nei confronti dell'azione indicata dal verbo stesso e ti motivano o meno a darvi seguito.

- SEGRETO n. 11: con la distorsione temporale si usa il tempo verbale "presente" ove sarebbe richiesto il "futuro", per rendere più vicina e concreta l'azione espressa dal verbo stesso.

GIORNO 3:

Utilizzare Fisiologia e Ancoraggio

Secondo Anthony Robbins la "fisiologia" è il pilastro più importante. Ma in che modo può modificare il nostro stato d'animo? Sai bene che se ti senti male, sei triste, depresso, assumerai una postura che lo rende evidente. Magari chiuderai le braccia, starai a testa bassa, con le spalle curve. Ma che postura assumi quando sei felice? Sicuramente molto diversa.

Anthony Robbins è stato il coach personale del campione di tennis Andre Agassi, in un momento molto difficile della sua carriera: non era più in forma, non era più nello stato d'animo giusto, carico e determinato, aveva perso posizioni su posizioni e non riusciva a riprendersi. Si rivolse allora a Robbins, il quale esaminò i filmati delle partite in cui Agassi vinceva sempre e studiò la sua postura, la sua fisiologia durante quelle partite. Quando entrava in campo, con il petto in fuori, lo sguardo altissimo, non guardava in faccia nessuno, andava lì sicuro di sé, concentratissimo. Nessuno poteva distoglierlo dal suo obiettivo.

Sapeva che avrebbe vinto. Poi, visti i filmati delle partite in cui perdeva, gli mostrò la differenza: spalle curve, sguardo basso; il suo atteggiamento, la sua fisiologia esprimevano la paura di perdere non solo la partita ma tutto quello che aveva, la sua posizione in classifica, la fama di numero uno. A quel punto Robbins gli disse: «Bene, non devi fare altro che rimetterti nella tua postura e riutilizzare la fisiologia che avevi quando vincevi sempre». Oltre a questo gli fece fare degli esercizi per visualizzarsi mentre entrava in campo con un atteggiamento da vincente. Nella partita successiva Agassi entrò in campo curando la sua postura nei dettagli, sicuro e concentrato, e vinse.

La PNL, infatti, ha scoperto che se ti abitui a vederti in un certo modo è più facile raggiungere l'obiettivo. Quando abbiamo paura di qualcosa, per esempio di un esame, di un colloquio, ci accade di farci dei filmati in cui va tutto male, e questo ci crea una maggiore tensione. Se farai il contrario, ossia ti visualizzerai mentre l'azione che devi intraprendere ha successo, sarai veramente più determinato e sicuro di te e farai in modo che la cosa vada bene. Bandler chiama questa tecnica **profezia autoavverantesi**. Come per le convinzioni, se tu credi che una cosa funzioni e sei sicuro di te, ti comporterai in maniera coerente con quella convinzione e quindi otterrai risultati che la confermano.

Se hai visto il film *Rocky IV*, ti ricorderai che ci sono momenti in cui il protagonista sale sul ring carico e concentrato, e altri, che magari coincidono con momenti della sua vita particolarmente difficili, in cui ha lo sguardo basso e non è convinto di farcela. Il suo allenamento si finalizza allora a ritrovare quella concentrazione e quella sicurezza in se stesso, che trapelano anche dalla sua fisiologia, dai suoi occhi, a tornare sul ring con "l'occhio della tigre" - *The eye of the tiger* è il titolo di a una delle canzoni più belle della colonna sonora - e, grazie a questo, Rocky torna ad essere vincente.

SEGRETO n. 12: secondo la tecnica della profezia autoavverantesi, se credi che una cosa funzioni e sei sicuro di te, ti comporterai di conseguenza, e i risultati che otterrai confermeranno la tua convinzione.

Quindi la fisiologia fa la differenza, e se è vero che uno stato d'animo determina una certa fisiologia, che se ti senti male probabilmente tenderai a chiuderti e se sei felice ti metterai in una postura aperta, è anche vero il contrario. Questa è stata la scoperta della Programmazione Neuro-Linguistica. Perciò, se assumi una postura da persona felice, da persona entusiasta, ti sentirai bene, felice, entusiasta; se assumi una postura chiusa, triste, da depresso, ti sentirai così, comincerai a visualizzare immagini sgradevoli, a stare male, a dirti delle cose negative e così via. C'è un rapporto biunivoco: lo stato influenza la fisiologia, ma anche la fisiologia influenza lo stato d'animo. Quindi, attraverso il tuo corpo puoi gestire le tue emozioni.

Anthony Robbins, a questo proposito, dice che il modo più efficace per potenziare il proprio livello di energia è mutare radicalmente la fisiologia, ossia il modo di respirare, di muoversi, nonché il modo di esprimersi. Per porsi in peak state dovremmo stare seduti o in piedi ben diritti, spingere le spalle indietro, sollevare la testa. In tal modo si acquisisce anche maggiore sicurezza in se stessi, perché si respira una quantità maggiore di ossigeno e ogni cellula del proprio corpo si attiva con maggiore intensità. Pensa che nel corso di *Public speaking* la prima cosa che insegno è la postura. Se tu assumi la postura giusta, anche davanti a un pubblico che può essere di dieci, venti, cento o anche mille o diecimila persone, non avvertirai la paura, ma anzi ti sentirai sicuro e forte. Con una postura ben centrata, petto in fuori, spalle larghe, sguardo alto, comunichi al tuo cervello che sei sicuro di te. Il cervello riconosce questa postura e dice: «Bene, questa è la postura da persona sicura», e ti fa sentire sicuro, ti mette in uno stato d'animo positivo. Quindi comunicherai sicurezza non solo a te stesso ma anche al pubblico, perché le persone ti vedranno tranquillo e determinato, sicuramente molto di più che se stessi su una gamba sola a braccia chiuse.

La comunicazione non verbale è molto importante e anche quella arriverà al tuo pubblico. Se sei centrato, sicuro di te, i piedi leggermente aperti, proprio per comunicare che vuoi includere tutti, esprimerai sicurezza e determinazione. Nulla deve essere lasciato al caso, ogni piccolo dettaglio comunica qualcosa. «Non si può non comunicare» è, infatti, uno dei postulati della comunicazione. Robbins dice: «Non basta neanche stare con il petto in fuori; tendetelo al cielo!» Saranno quei due millimetri in più che faranno la differenza, che ti faranno sentire carico e ossigenato.

Una postura aperta, infatti, favorisce una maggiore ossigenazione. L'ossigeno va al cervello e vengono prodotti neuro-trasmettitori che ti fanno stare bene. Questo bisognerebbe insegnarlo anche a maestri e professori, che dovrebbero vigilare sulla postura che i bambini e i ragazzi assumono; se per stanchezza appoggeranno la testa sul banco o si sdraieranno all'indietro, questo non favorirà certo la concentrazione ma, al contrario, aumenterà la distrazione e la sonnolenza. I bambini tenderanno ad addormentarsi, perché in quella postura il cervello dirà: «Bene, è l'ora del riposo! Dormiamo!»

Un piccolo esercizio che faccio fare durante i miei corsi, per far capire, nel concreto, quanto la fisiologia influisca sullo stato d'animo, è il seguente: chiedo al mio pubblico di mettersi in piedi e cominciare a saltellare, applaudire e contemporaneamente dire: «Sono triste! Sono triste! Sono triste!» Ti assicuro che non c'è nessuno che possa sentirsi triste eseguendo questo esercizio. Prova a farlo anche tu. Non puoi sentirti triste se non stai in una fisiologia da triste, e questo vuol dire non solo che la fisiologia condiziona lo stato d'animo, ma che è molto più forte dello stato d'animo stesso. Cioè, per quanto io possa dire di essere triste o provare a sentirmi tale, la fisiologia vince, è più forte.

Essa, infatti, è una delle armi più potenti che hai per gestire il tuo stato e raggiungere stati di picco. E questo ha una conseguenza molto importante, ovvero che da oggi in avanti:

NON HAI SCUSE PER STARE MALE!

È vero che non possiamo prendere una persona che sta malissimo e costringerla a saltare, almeno non immediatamente o non senza ricorrere ad alcune tecniche come il ricalco; ma sicuramente sarà possibile affrontare la vita in modo diverso.

Nei momenti in cui ti sentirai peggio forse non ti andrà di saltare, non ti andrà di applaudire, però potrai fare una cosa semplice: un sorriso. Quando sarai a terra e penserai: «No, non può funzionare nulla» e, anche se ti verrà in mente di cambiare la fisiologia per modificare il tuo stato, non ti andrà di farlo, prova a sorridere e magari questo ti darà anche la forza di saltare. Basta un sorriso per comunicare al cervello di produrre endorfine e cominciare a sentirsi meglio, è una reazione istantanea.

Per prima cosa entra in uno stato d'animo positivo, poi pensa a come risolvere i problemi. A questo proposito, uno degli aneddoti che preferisco parla di un uomo che, mentre passeggiava tranquillamente nel bosco, venne colpito da una freccia sulla spalla. Ovviamente cominciò a urlare, ma pensò immediatamente a liberarsi della freccia e a gettarla via perché gli procurava dolore. Solo in un secondo momento pensò: «Chi me l'avrà lanciata? Perché?» Non si mise a compiangersi chiedendosi: «Ma perché proprio a me è successo questo? Perché mi hanno colpito? Perché, perché, perché?» Il significato di questo aneddoto è che finché sei in uno stato d'animo negativo non vedrai soluzioni, non avrai neanche la forza di trovarle. Ma basta cambiare la fisiologia per metterti in uno stato migliore che ti permetterà di rendere al meglio e di essere più lucido per poter poi analizzare la situazione.

Se subiamo un torto, se veniamo lasciati dal partner, se un nostro amico ci delude, anziché chiuderci nel nostro dolore o, peggio, compiangerci, chiediamoci: «Cosa ho imparato da questa vicenda? Ho capito di aver incontrato una persona non adatta a me. Questo vuol dire che incontrerò sempre e comunque tutte persone che non fanno per me? No, anzi, questa esperienza mi servirà per capire meglio cosa cerco, per delineare con più precisione i miei obiettivi». Esci dallo stato negativo e mettiti in uno stato potenziante che ti permetta di analizzare la situazione e trarne gli insegnamenti. Lo stato di picco emozionale infonde grande energia e determinazione per raggiungere i propri obiettivi. Non considerare ogni intoppo, che può capitare a te come a tutti, il fallimento della vita. Sii orientato al futuro e alle soluzioni.

La frase «non hai scuse» l'ho trovata scritta in un libro di public speaking e mi ha colpito tantissimo. Mi viene in mente ogni volta che mi capita di attraversare un momento in cui non sono in perfetta forma. Allora so che mi basta un sorriso per uscirne o, magari, alzarmi in piedi se stavo seduto. Io so che cambiando fisiologia cambia il mio umore, il mio stato d'animo. Insomma, quando qualcosa non va, dì a te stesso: «Non hai scuse», cambia fisiologia.

Anthony Robbins usa molto la fisiologia nei suoi corsi, anche perché è l'unico modo per riuscire a gestire diecimila persone senza fare neanche una pausa. Ogni tanto fa alzare tutti in piedi, li fa saltare, applaudire, urlare, massaggiare tra loro e così facendo riesce a tenere tutti molto svegli e carichi. Magari sei stanco, non ce la fai più, ma bastano pochi secondi in cui ti fa saltare, urlare, cantare, che ti risvegli e sei molto motivato. Questo succede perché ti fa scorrere talmente tante endorfine nel corpo che ti senti meravigliosamente bene. Altro che "benino", "abbastanza bene" "non male". Ottimamente, in peak state!

Puoi provarlo su te stesso a casa, al lavoro, in ogni occasione in cui qualcosa non va, dalla più insignificante alla più grave. Se sei molto depresso comincia dal sorriso, che è facile da farsi e non richiede grande sforzo; e credici. La fisiologia fa miracoli. Ho visto persone che passavano giornate intere a letto alzarsi un attimo, anche solo per andare in bagno, e sentirsi subito meglio. Come mai? Perché avevano modificato la loro fisiologia.

Bandler la applica anche alla vendita, e dice: «Se vedi che la persona con cui stai negoziando è seduta, con le braccia e le gambe chiuse, anche con una scusa, falle cambiare postura, perché vedrà in maniera diversa la situazione. Chiedile, ad esempio, se può passarti una penna, così da costringerla a modificare la postura. Già solo questo può cambiare il suo punto di vista e il suo stato d'animo, e quindi, in generale, l'esito della situazione». Se ti capiterà di parlare in pubblico adotta una fisiologia giusta: trasmetterai sicurezza agli altri e a te stesso, come ti ho dimostrato in queste pagine, perché c'è un'associazione tra postura e stato d'animo.

SEGRETO n. 13: finché sei in uno stato d'animo negativo non vedrai soluzioni, non avrai neanche la forza di trovarle; basta cambiare la fisiologia per mettersi in uno stato migliore.

Queste associazioni in PNL vengono definite come **ancoraggi.** Secondo Anthony Robbins, un secondo strumento per sprigionare energia è l'ancoraggio. Si tratta di rivivere un momento della nostra vita in cui ci siamo sentiti invincibili.

Se ripensiamo a quell'episodio e identifichiamo i suoni che sentivamo o i gesti che facevamo, sviluppiamo un ancoraggio. Per alcuni può essere una canzone, per altri uno schiocco di dita.

Un ancoraggio, quindi, altro non è che un'associazione tra uno stimolo e una risposta. Esso può essere **visivo, auditivo, cinestesico, olfattivo e gustativo**. L'acronimo **VAKOG** racchiude i cinque sistemi rappresentazionali della PNL, che altro non sono che i cinque sensi. Il cinestesico comprende le sensazioni esterne – come quelle che percepiamo attraverso il tatto – e quelle interne – gioia, felicità, rabbia e così via –. Ti accorgerai che l'ancoraggio è molto presente nella tua vita, anche se non ne sei consapevole; lo stesso sorriso è un ancoraggio perché, come ti dicevo, stimola dei neurotrasmettitori, delle endorfine che diffondono nel tuo organismo un senso di benessere e, di conseguenza, rendono più positivo il tuo stato d'animo.

In realtà siamo circondati dalle ancore. Ti faccio degli esempi. Ti è mai capitato di sentire una canzone e improvvisamente scoppiare a ridere o a piangere? È successo perché l'hai associata a un determinato momento della tua vita, a una determinata persona. La canzone è lo stimolo, lo stato d'animo è la risposta. La tecnica dell'ancoraggio deriva infatti dagli studi svolti dal medico fisiologo e psicologo russo Ivan Pavlov che, eseguendo degli esperimenti sui cani, all'inizio del secolo scorso, scoprì il cosiddetto "riflesso condizionato". Pavlov, per qualche giorno di seguito, nel dare il cibo ai cani suonava un campanello; in breve tempo nei cani si creò un'associazione tra suono del campanello e cibo, tanto che appena sentivano il tintinnio cominciavano a salivare, anche se non gli veniva somministrato il cibo. Ormai il campanello era stato associato all'idea del pasto. Questo meccanismo è chiamato "condizionamento classico" e "ancoraggio" è il nome che la PNL ha dato a questo fenomeno, con delle piccole differenze che ti spiegherò più avanti.

Il condizionamento associa uno stimolo a una risposta e l'ancoraggio fa la stessa cosa. Con l'esempio della canzone abbiamo richiamato un tipo di ancoraggio auditivo ma, come ti ho detto, si possono avere ancoraggi legati a tutti i nostri sensi. Immagina di andare a passeggio per le vie del centro, di incrociare molte persone e, improvvisamente, di sentire un profumo intenso e inconfondibile che te ne ricorda una in particolare. L'associazione è immediata e inconscia. Ecco un esempio di ancoraggio olfattivo.

E ancora, un esempio di ancoraggio visivo può essere una fotografia. Perché le nostre case sono piene di fotografie? Perché risvegliano in noi ricordi di persone ed esperienze vissute. Un sapore ci può richiamare alla mente un momento anche molto lontano del passato, un contesto totalmente diverso da quello attuale. Se io ti dicessi: «Immagina per un attimo che io abbia un gesso in mano e lo faccia stridere contro la lavagna», immediatamente, senza bisogno di sentirlo, nella tua mente risuonerebbe un terribile rumore stridulo, quel "iiiiii…" che ben conosci e che ti farebbe venire la pelle d'oca. Anche questo è un ancoraggio.

Addirittura Bandler afferma che le fobie stesse sono un'associazione, un ancoraggio; magari da piccolo sei stato morso da un cane e ora ogni volta che ne vedi uno hai paura, perché ti vengono in mente, consciamente o inconsciamente, il morso e la paura che hai provato.

Ma essendo la fobia una sorta di apprendimento rapido, puoi cambiare l'associazione e decidere che la prossima volta che vedrai un cane, invece, assocerai piacere. C'è una tecnica per farlo, così come per rompere ancoraggi che non ti piacciono più o per crearne di nuovi. Abbiamo tutti delle ancore, ma possiamo anche imparare a gestirle, cioè a rompere le associazioni esistenti che ci creano problemi, o a crearne di nuove che ci possono essere utili, stimolando in noi stessi uno stato emotivo migliore.

Ad esempio Bandler, nel suo corso per diventare trainer, insegna una serie di ancoraggi utili per il public speaking; ti fa rivivere degli stati d'animo molto positivi e poi li associa a un gesto, in modo che ogni volta che parlerai in pubblico, facendo quel gesto - che può essere ad esempio la stretta di due dita o altro -, richiamerai quello stato d'animo di sicurezza, di passione, o qualsiasi stato tu abbia ancorato a quel gesto.

Come ti dicevo nelle prime pagine del capitolo, anche Robbins usa questa tecnica. La utilizza, in particolare, per associare stati d'animo di sicurezza che permettano di affrontare la camminata sui carboni ardenti. Le due o tre ore precedenti servono, oltre che a spiegare esattamente la tecnica di preparazione, a creare uno stato d'animo forte e determinato che permetta di affrontare la camminata tranquillamente e senza paura. In un momento normale non ti sogneresti mai di fare una camminata sui carboni ardenti, ma Robbins ti crea degli ancoraggi molto forti, con degli stati d'animo di motivazione, determinazione, coraggio, e a ciò si aggiunge anche la presenza di altre diecimila persone, cariche come te, che fanno la stessa cosa.

Ma vediamo in cosa consiste questa tecnica. Prima della prova, quando ti trovi ancora a casa, devi richiamare alla mente uno stato di sicurezza, ripensando a un'occasione in cui ti sei sentito molto sicuro. Rivivi al massimo quello stato, essendo concentrato e associandoti, cioè rivedendo tutta la scena tramite la visualizzazione. Poi ancoralo, cioè crea un'associazione tra quello stato e un gesto o una parola, o altro.

Quando dovrai affrontare i carboni ardenti o un esame, un colloquio o qualche altra situazione che ti crea ansia e timore, rifarai lo stesso gesto; richiamerai il tuo stato di sicurezza e potrai far fronte al tuo impegno con il massimo della tranquillità.

L'ancoraggio è una di quelle tecniche che necessitano di molta pratica, anche perché, per essere sicuri che funzioni, deve avere determinate caratteristiche che ora ti spiegherò.

SEGRETO n. 14: un ancoraggio non è altro che un'associazione tra uno stimolo e una risposta; esso può coinvolgere tutti e cinque i sistemi rappresentazionali, ossia visivo, auditivo, cinestesico, olfattivo e gustativo.

Il tempo e l'intensità dell'emozione, come puoi notare nell'immagine riprodotta in questa pagina, sono due elementi fondamentali.

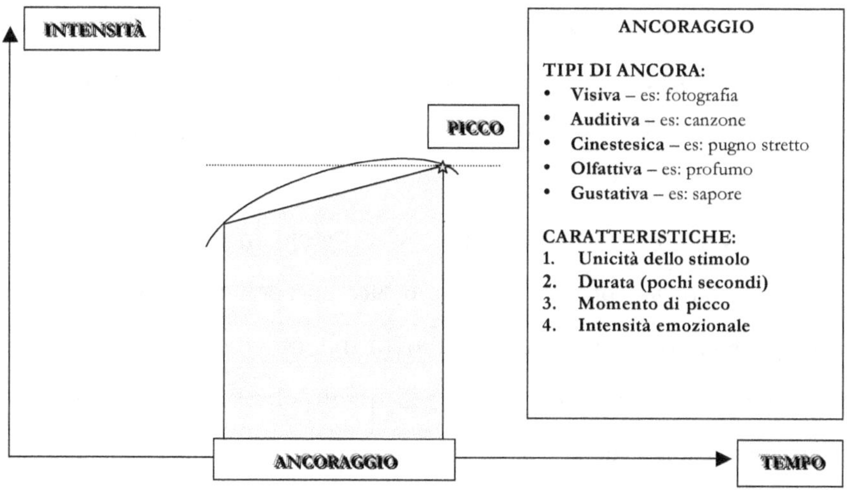

Per crearti un ancoraggio, quindi, dovrai, in un momento di tranquillità, prima di tutto richiamare alla mente uno stato d'animo che ti può servire, come la sicurezza, l'autostima, la fiducia. Poi rivivere l'occasione in cui ti sei sentito sicurissimo, in cui è andato tutto bene, hai affrontato con forza e determinazione quella persona o quella situazione che ti creavano ansia. In quel momento richiama la tua emozione e falla salire, salire, salire fino a un **momento di picco**, sino al punto in cui raggiungerai il peak state; poi falla ridiscendere fino a esaurirsi.

Dovrai creare la tua associazione da un momento prima del picco fino al picco. Non oltre, perché se ancorerai dal picco in poi, il cervello imparerà ad associare il fatto che questa emozione tende ad affievolirsi. Al contrario, devi insegnare al cervello che quando fai quel gesto l'emozione è già alta ma sta salendo ancora.

Anthony Robbins dice: «Quello che faccio io è tirare un grosso respiro, espirare profondamente e fare un certo movimento con le mani. Faccio questo ogni volta, prima di tenere un seminario, perché, anche se sono convinto di quello che sto per dire, se non mi ponessi in questo stato non sprigionerei lo stesso livello di energia.» Ancora, aggiunge: «L'energia è il "carburante dell'eccellenza". Quanto maggiore è il nostro livello di energia, tanto più efficiente sarà il nostro organismo, tanto più staremo meglio, tanto prima potremo utilizzare i nostri talenti per ottenere risultati ottimali».

Ora, questo spazio, il momento di picco emozionale, non dura che pochi secondi: quattro, cinque, sei, questo è soggettivo, ma comunque pochi, non può protrarsi troppo a lungo. Infatti, per avere un buon ancoraggio è necessario tenere in considerazione anche **la durata.**

Altra cosa importante è lo stimolo, ovvero il **gesto**. Deve essere **unico**, diverso dal solito, perché altrimenti si rischia di richiamare anche sensazioni spiacevoli, legate ad altri episodi della tua vita. Il pugno stretto, ad esempio, non è l'ancoraggio migliore, perché è un gesto che facciamo troppo spesso, troppo comunemente. Molto meglio stringere due dita, indice e pollice, ad esempio; questo è un gesto anche molto discreto, che quindi può essere usato per attivare la propria ancora e richiamare il proprio stato di sicurezza, anche se devi parlare in pubblico.

Mi è capitato di andare a un funerale e abbracciare uno dei congiunti della persona che era deceduta. In quel modo stavo involontariamente ancorando l'abbraccio alle sensazioni terribili che il mio amico stava vivendo in quel momento. A distanza di un mese l'ho rivisto e, senza pensarci, l'ho abbracciato. Lui, senza capire bene il motivo, ha avvertito un senso di malessere. Perché? Perché aveva associato l'abbraccio dato dalla stessa persona a quello stato d'animo negativo.

Per questo, quando una persona sta male, evita di toccarla, non abbracciarla, non darle pacche sulla spalla. Rischi di ancorare quel gesto, per quanto affettuoso, a uno stato d'animo negativo. Robbins dice che se un bambino piccolo sta sul suo fasciatoio e cade su una moquette verde o su un tappeto verde, crescendo potrebbe associare il dolore al verde senza sapere perché. La realtà è che il cervello reagisce creando queste associazioni per cercare di evitare il dolore; ma consciamente non ci si rende conto che, per esempio, in questo caso non è stato il verde a creare il problema, ma la caduta.

Il gesto, inoltre, deve essere "comodo". Robbins, durante i suoi corsi, per far entrare in uno stato di picco diecimila persone, comincia a urlare, a fare gesti eclatanti, che non possono essere utilizzati nella vita quotidiana, se non a casa tua in un momento in cui sei solo. Ti consiglio di scegliere un gesto facile da ripetere in qualsiasi momento per poterlo sfruttare al massimo.

Un altro concetto molto importante, ma non molto conosciuto, è la **congruenza**: il tuo gesto, il tuo stimolo quale che sia, deve essere congruente con lo stato d'animo da richiamare. Molti degli errori che vengono fatti nel provare l'ancoraggio dipendono proprio dalla mancanza di congruenza del gesto con lo stato d'animo che si desidera rievocare. Ad esempio, unire le dita non è un gesto molto motivante: può essere più utile per richiamare uno stato di rilassamento, ma se vuoi richiamare uno stato di grande motivazione allora servirà un gesto un po' più forte.

La fisiologia deve essere congruente perché ti aiuta essa stessa a richiamare lo stato di motivazione, di carica, di energia, fornendoti la necessaria spinta emotiva per raggiungere il peak state.

Ecco perché Robbins si muove in continuazione, va da una parte all'altra del palco, salta, urla e lo fa fare al suo pubblico: per mantenere un livello alto di energia. Questo riguarda tutti i tipi di ancoraggio, ovviamente anche quello auditivo. Ad esempio, se tu dicessi a te stesso: «Vai, motivato. Sì, motivato», con tono sommesso e incerto, non sarebbe congruente con uno stato di motivazione e non ti permetterebbe di raggiungerlo. Con un tono di voce basso e calmo potresti invece dirti: «Rilassati».

Nel film comico *L'aereo più pazzo del mondo* c'è una scena divertentissima in cui alcuni passeggeri, allo scopo di calmare una signora in preda a un attacco di panico, la colpiscono a turno, prima schiaffeggiandola e poi percuotendola con una serie di oggetti come dei guantoni da pugile, una grossa chiave inglese e addirittura una pistola! Una prima passeggera inizia a strattonarla mentre le dice: «Signora, si calmi!»; un secondo passeggero, sempre invitandola a calmarsi, non si limita a strattonarla ma le dà uno schiaffo; un terzo gliene dà due. Finché non ne arriva un quarto con i guantoni che rincara la dose prendendola a pugni, e la serie continua! La comicità, in questo caso, nasce proprio da questa scena di pura incongruenza.

Se vuoi trasmettere calma, devi parlare in maniera rilassata, con un tono di voce congruente, quindi lento e basso. Se vuoi trasmettere motivazione, dovrai aumentare il ritmo e alzare il volume del tuo tono.

SEGRETO n. 15: per creare un buon ancoraggio è necessario rivivere una situazione potenziante sino al momento di picco emotivo, della durata di pochi secondi, e ancorarvi un gesto che sia unico e congruente con lo stato richiamato.

Molti mi chiedono se l'ancoraggio duri tutta la vita. Dipende dall'intensità emozionale; un ancoraggio come quello delle fobie, ad esempio, dura tutta la vita. Se un cane ti spaventa a tal punto che sei terrorizzato quando ne vedi uno, durerà tutta la vita. In questo l'ancoraggio si differenzia dal condizionamento classico dei cani di Pavlov, come illustrato nell'immagine seguente.

Mentre il condizionamento è un'associazione che si crea nel tempo con un'intensità emotiva bassa ma prolungata, l'ancoraggio è un momento solo ma di intensità molto forte, associato alla risposta, e può durare tutta la vita se l'intensità è veramente al massimo. La maggior parte delle fobie nate da un'esperienza negativa utilizzano questo meccanismo. Non sempre però riusciamo a raggiungere un'intensità così alta da durare tutta la vita. Può essere che una canzone legata a un momento d'amore nel tempo non faccia più lo stesso effetto, perché si comincia ad associarla ad altre cose. Ecco perché è importante il gesto unico.

Tuttavia l'intensità della nostra emozione dipende da noi. Per esempio ancorare uno stato d'animo mentre lo stai vivendo, anziché richiamarlo alla mente dal passato, fa sì che l'intensità sia più forte, sia al massimo, al picco. Quando conoscerai bene il funzionamento dell'ancoraggio, se ti capiterà di trovarti in un momento in cui ti senti veramente bene, ancoralo. Se l'intensità non sarà abbastanza alta, vorrà dire che forse dovrai rifarlo qualche altra volta, magari con un'intensità più bassa, ma in modo da creare un'associazione forte.

Nel cervello, infatti, si creano neuro-associazioni, ovvero associazioni tra i neuroni. Cerca di avere uno stimolo più unico possibile e quando riattivi l'ancora rifai lo stesso identico gesto, nello stesso modo, con la stessa intensità. Quindi, se hai ancorato con le due dita, stringendole in un certo modo, con una certa intensità, per richiamare quello stesso stato d'animo dovrai rifare lo stesso gesto. Stesso gesto, stessa intensità, stessa durata. Bisogna essere più precisi possibile: infatti, più è preciso lo stimolo, più sarà precisa la risposta.

SEGRETO n. 16: il condizionamento è un'associazione che si crea nel tempo, collegata a un'intensità emotiva bassa e prolungata; al contrario l'ancoraggio richiede un'alta intensità emotiva che non duri, però, che pochi secondi.

Ti propongo ora la trascrizione di una dimostrazione di ancoraggio, perché, per quanto in teoria sia facile, per quanto sia vero che ognuno di noi è circondato da ancore e che ne abbiamo mille esempi come il profumo, la musica e molti altri, è necessario capire come funzioni nel concreto.

****

GIACOMO: Ora dimmi che tipo di stato d'animo ti serve per affrontare la situazione che hai in mente.

ARIANNA: Di gioia.

GIACOMO: Di gioia, benissimo. C'è stata un'occasione nella tua vita in cui ti sei sentita piena di gioia?

ARIANNA: Sì.

GIACOMO: Bene. Ritorna a quel momento. Immagina proprio di trovarti in quella situazione. Puoi farlo a occhi chiusi ma anche con gli occhi aperti, guardando nel vuoto. Ci sei?

ARIANNA: Sì.

GIACOMO: Entra "in associato", cioè entra nel tuo corpo, guarda dai tuoi occhi: sei tu che stai rivivendo la situazione che hai vissuto. Visualizzane le immagini come guardassi un filmato. Osserva tutto quello che c'è intorno a te, le cose che ti hanno fatto provare questa gioia immensa, le persone, se ci sono. Vivi questo film come se fosse ora, vivi questa gioia immensa e, mentre guardi intorno, senti cosa ti dici dentro di te, ascolta il tuo dialogo interiore: «Che gioia!», «Che bello!», «È fantastico!» Risenti tutte quelle voci. E, ancora, avverti la sensazione di gioia dentro di te, immagina che abbia una posizione nel tuo corpo, non so: nella pancia, nel petto o altrove. Senti un brivido percorrerti: rappresenta tutto ciò che per te è gioia! Ora lascia che si amplifichi e si espanda in tutto il corpo mentre continui a vedere queste immagini, a sentire questo dialogo interiore così positivo e potenziante. Lascia ancora che si amplifichi sino al momento in cui ti sentirai veramente piena di gioia, il momento in cui raggiungerai il tuo peak state. A quel punto, mentre continui ad amplificarla, fai un gesto qualsiasi per ancorare; ad esempio stringi due dita e tieni l'ancora per qualche secondo. Continua a far amplificare la sensazione, fa' sì che percorra il tuo corpo ed espandila. Infine, rilascia il gesto.

ARIANNA: Non lo so… ancorare con un gesto non mi basta, sento che devo anche alzarmi in piedi!

GIACOMO: Va bene, in piedi!

ARIANNA: (*si alza, fa l'ancoraggio e poi si siede*) Così facendo, chiaramente, il gesto è più eclatante.

GIACOMO: Naturalmente. Come dicevo prima riguardo alla congruenza, dipende da come vivi la gioia. La tua, evidentemente, era gioia esplosiva!

ARIANNA: Sì, perché in questo caso era una sensazione di gioia quella che mi hai chiesto di richiamare.

GIACOMO: Io ti ho chiesto di richiamare una sensazione di gioia?

ARIANNA: No, scusami. In realtà tu mi hai detto: «Richiama una sensazione» e io ti ho risposto: «La gioia». Quindi in questo caso, richiamando una sensazione di gioia, ho avuto una reazione di questo tipo; se avessi dovuto richiamare una sensazione diversa, probabilmente avrei avuto una reazione differente.

GIACOMO: Va bene. Credo che tutti i presenti in aula si siano resi conto di come stesse esplodendo di felicità. Abbiamo detto che se si riesce ad ancorare mentre si rivive la situazione, tanto meglio; ma anche con le parole si può richiamare una sensazione a livelli forti. Arianna aveva un sorriso radioso, si vedeva che stava esplodendo dalla gioia! L'ha detto lei stessa: nell'ancorare non voleva solo fare un gesto, ma anche alzarsi in piedi. Non mi chiedo cosa abbia pensato, non lo voglio sapere. La PNL è segreta, nel senso che non ho bisogno di apprendere il contenuto. A me basta conoscere la forma, cioè mi basta dire: «Ingrandisci la tua sensazione, amplificala». Arianna, oltre ad alzarti in piedi hai comunque associato un gesto particolare a quella sensazione? O invece hai preferito non fare alcun gesto?

ARIANNA: No, non l'ho fatto. Mi veniva solo da sorridere molto.

GIACOMO: Un sorriso, legato a un'immagine che ti sei fatta, è comunque una forma di ancoraggio, cioè è uno stimolo che puoi richiamare. L'esercizio, in questo caso, è stato svolto correttamente, tutto è stato fatto nei tempi giusti. Io penso che quello nel quale hai ancorato fosse il tuo momento di picco perché stavi veramente esplodendo di gioia, per cui dovresti avere ancorato bene.

Per verificare che sia così, puoi provare a ripetere lo stesso stimolo in un momento tranquillo. Fai lo stesso sorriso, rivedi la stessa immagine e dovresti richiamare lo stesso stato d'animo. Fai caso se, a livello di sensazioni, riprovi la stessa gioia che hai provato poco fa. Magari, per aiutarti, rivolgi lo sguardo nella stessa direzione del momento in cui hai ancorato. Cioè rifai quello che hai fatto poco fa, ma in un istante, e richiama la gioia.

Lasciala arrivare ed espandere, come hai fatto durante l'esercizio. E mentre te lo dico, lascia che il tuo cervello riviva quella sensazione. Lo so che vorresti esplodere e alzarti in piedi!

ARIANNA: Richiamando il pensiero?

GIACOMO: Richiamando il pensiero, sempre più velocemente. Va bene? Senti di aver raggiunto uno stato di picco emotivo? Ti senti gioiosa?

ARIANNA: Sì, assolutamente!

GIACOMO: Bene! Facciamole un applauso! Grazie!

****

Quanto più una persona è scettica, come lo era Arianna, tanto più sono contento se la dimostrazione funziona bene. Il fatto che sia esplosa di gioia significa che questa tecnica funziona velocemente ed è anche più facile da applicarsi di quanto possa sembrare in teoria. Si tratta poi di vivere stati d'animo piacevoli, quindi ti assicuro che fare esercizio sarà un piacere per te.

Riassumendo, la procedura è molto semplice. Determina lo stato d'animo che vuoi associare, gioia, sicurezza, felicità, autostima, quello che preferisci, e richiamalo, chiedendoti: «Mi è mai capitato di sentirmi così?» Rivivi quindi quel momento a occhi chiusi o aperti, è identico ai fini del risultato, ma è importante che tu sia in associato, cioè che guardi dai tuoi occhi. Immagina di essere lì, vivi la situazione come in un film, vedi quello che vedevi, senti quello che sentivi, ascolta quello che ascoltavi, richiama le sensazioni che hai in mente, lasciale espandere, espandere, espandere, e nel momento di picco ancora con il gesto, la parola, l'immagine che vuoi tu. Ricorda che non deve essere a tutti i costi un gesto, puoi usare anche gli altri sensi.

A distanza di un po' di tempo, fai il test, prova se l'ancora funziona, ossia, ripeti lo stesso stimolo, lo stesso gesto, ripensa alla stessa immagine, e verifica se riesci a richiamare facilmente lo stato che avevi scelto. Nella dimostrazione che ti ho riportato ha funzionato molto bene, perché Arianna ha raggiunto uno stato di picco emotivo davvero ottimale ai fini dell'ancoraggio, particolarmente intenso. Ecco un caso di intensità emotiva fortissima; in qualsiasi momento, con lo stesso stimolo potrà richiamare la stessa sensazione, lo stesso stato d'animo per lungo tempo. Se vorrà rifarlo, servirà solo a rafforzare la sua ancora.

Quando fai l'esercizio di ancoraggio ricordati che hai cinque sensi: puoi usarne uno solo o anche tutti e cinque. Puoi dire una parola a voce alta o pensarla solamente, mentre guardi un'immagine, mentre stringi due dita o fai un altro gesto, mentre tocchi qualcosa, mentre immagini un odore o altro. Se userai tutti i sensi, l'ancora sarà a maggior ragione più forte e lo stimolo sarà univoco, quello e basta, perché avrai creato una combinazione tra i sensi.

Siamo partiti affermando che la fisiologia è uno dei pilastri dell'autostima e l'ancoraggio è strettamente legato alla fisiologia; un sorriso è un ancoraggio che stimola una sensazione di benessere. Sono stati fatti addirittura degli studi sulle personalità multiple, ossia quei casi in cui la personalità di uno stesso individuo è divisa in più tipologie caratteriali. Grazie ad essi è stato scoperto come possa accadere che ciascuna di queste personalità abbia una serie di ancoraggi che le altre, invece, non hanno e non sentono. Quindi, lo stesso stimolo su una personalità funziona e su un'altra no.

Addirittura c'è un legame diretto tra la fisiologia e il sistema immunitario; una persona che ha una fisiologia migliore si tiene in forma, cammina in un certo modo, sorride, sta meglio, ha un sistema immunitario più forte. Non è magia, ma una semplice reazione fisica, neurologica. Se sorridi produci dei neurotrasmettitori che ti fanno stare meglio e fanno innalzare i valori del tuo sistema immunitario. Un medico lo saprà spiegare meglio di me, ma di fatto chi è più felice vive meglio, non solo psicologicamente, ma anche per quanto riguarda la sua salute.

Da quando conosco la PNL non mi sono più preso neanche mezza malattia. Sarà un caso, una coincidenza, però è così. Non so se la spiegazione sta nell'influsso che la fisiologia esercita sul sistema immunitario, penso di sì, ma di fatto mi è successo questo e spero che vada avanti per il resto della vita.

Anche l'ancoraggio, richiamando uno stato d'animo migliore, ti fa sentire meglio e le conseguenze sulla salute sono immediate.

Lo stesso effetto viene prodotto dalle domande che ti focalizzano su cose positive, dalla ristrutturazione, dall'uso del linguaggio e del vocabolario, che ti aiutano a utilizzare parole migliori. Tutti questi strumenti, se usati bene, creano uno stato di benessere.

SEGRETO n. 17: una persona con una fisiologia migliore, per reazione neurologica, ha un sistema immunitario più forte.

Quindi, sia nel momento particolare in cui devi affrontare una prova, sia quando non ti senti al massimo, usa questa tecnica molto semplice. Durante i corsi faccio fare esercizi di ancoraggio anche a gruppi di tre, in modo che, a turno, ciascuno sia il coach, cioè colui che estrae, che fa fare l'ancoraggio a un'altra persona; poi c'è il cliente, che lo prova in prima persona, e l'osservatore che, oltre a controllare che l'esercizio sia svolto bene, ne comprende bene la procedura, vedendolo fare ad altri. Tuttavia, anche da solo puoi esercitarti benissimo, e più lo farai, più renderai forti le tue ancore.

La nostra vita, del resto, è piena di ancore. Molti ancoraggi appartengono alla cultura, altri li abbiamo ereditati dai nostri genitori; in fondo anche le convinzioni nascono da una serie di riferimenti, esperienze, ancoraggi nostri o di qualcun altro. Per cui tutto ciò che oggi crediamo, anche le convinzioni su noi stessi e quindi la nostra autostima, sono determinati da tutti questi fattori.

RIEPILOGO DEL GIORNO 3:

- SEGRETO n. 12: secondo la tecnica della profezia autoavverantesi, se credi che una cosa funzioni e sei sicuro di te, ti comporterai di conseguenza, e i risultati che otterrai confermeranno la tua convinzione.

- SEGRETO n. 13: finché sei in uno stato d'animo negativo non vedrai soluzioni, non avrai neanche la forza di trovarle; basta cambiare la fisiologia per mettersi in uno stato migliore.

- SEGRETO n. 14: un ancoraggio non è altro che un'associazione tra uno stimolo e una risposta; esso può coinvolgere tutti e cinque i sistemi rappresentazionali, ossia visivo, auditivo, cinestesico, olfattivo e gustativo.

- SEGRETO n. 15: per creare un buon ancoraggio è necessario rivivere una situazione potenziante sino al momento di picco emotivo, della durata di pochi secondi, e ancorarvi un gesto che sia unico e congruente con lo stato richiamato.

- SEGRETO n. 16: il condizionamento è un'associazione che si crea nel tempo, collegata a un'intensità emotiva bassa e prolungata; al contrario l'ancoraggio richiede un'alta intensità emotiva che non duri, però, che pochi secondi.

- SEGRETO n. 17: una persona con una fisiologia migliore, per reazione neurologica, ha un sistema immunitario più forte.

GIORNO 4:

Come Gestire le Emozioni

Gestire le emozioni non significa appiattirne il livello ma imparare a prenderne consapevolezza per sfruttarle meglio; non significa eliminarle, ma rendere inoffensive quelle negative e far esplodere le emozioni positive, amplificandole sino a raggiungere uno stato di picco emotivo.

La Programmazione Neuro-Linguistica, la scienza che Richard Bandler e John Grinder hanno inventato oltre trent'anni fa, ha come obiettivo quello di far sentire benissimo persone che già stanno bene, migliorando ancor di più il loro stato d'animo, al contrario della terapia tradizionale che punta sulla cura e la guarigione di persone che stanno male. Così come il "coaching" non si rivolge a persone che stanno male, ma a persone che stanno bene e vogliono stare ancora meglio, raggiungere nuovi risultati. L'obiettivo è migliorare il proprio stato emozionale e, quindi, la propria vita.

In questa nuova prospettiva gestire le emozioni vuol dire semplicemente imparare a prenderne il controllo, ad amplificare quelle positive e dare il giusto peso a quelle negative; non bisogna fingere che vada tutto benissimo, estremizzando il pensiero positivo, ma imparare a non farsi sopraffare dalle proprie emozioni. Ciò accade alla maggior parte delle persone che, spesso, per qualcosa che è andato storto, rischiano di rovinarsi tutta la giornata, generalizzando l'esperienza negativa e convincendosi di avere una vita squallida.

Tu dovrai invece assumere un atteggiamento da leader e anziché far finta di nulla, sforzarti di vedere le cose come stanno, dando il giusto peso tanto alle cose negative quanto a quelle positive che capitano nella tua vita.

Se qualcosa ti va male, non devi pensare che non fa nulla e va bene lo stesso, ma che tante altre sono andate bene. E dunque, che hai tutto il diritto di sentirti bene, di essere in uno stato positivo, di tornare a casa soddisfatto anziché frustrato. Gestire le emozioni è infatti fondamentale per stare meglio.

Richard Bandler e John Grinder hanno studiato persone che eccellevano nel proprio settore e che erano bravissime a gestire le proprie emozioni. Essi hanno modellato leader in grado di vedere le cose come stanno, né peggiori, né migliori. Persone capaci, però, di prendere le cose belle della loro vita e generalizzarle, dicendo: «Bene, il bicchiere è sempre mezzo pieno». È una piccola differenza che fa la differenza.

La domanda da cui nasce la PNL è proprio questa: «Qual è la differenza che fa la differenza?», ossia, quali sono le piccole cose, gli atteggiamenti, il modo di esprimersi che rendono la nostra vita diversa? Qual è la domanda che crea risposte di qualità, che ti fa stare meglio, che ti permette di gestire le tue emozioni, utile per farti migliorare il tuo stato d'animo sino a raggiungere il peak state? Gestire le emozioni non significa essere sempre controllati, ma imparare a reagire, imparare a passare da uno stato negativo a uno stato positivo e mantenerlo. In PNL si parla anche di "gestione dello stato" intendendo proprio "gestione dello stato emotivo", proprio perché il tuo stato devi sceglierlo tu, non deve essere dettato dal caso.

La maggior parte delle persone, soprattutto chi non conosce queste teorie, si trova in uno stato del quale non ha consapevolezza. Anthony Robbins porta un po' all'estremo questo concetto, dicendo che anche stati d'animo negativi come la tristezza, la depressione, il dolore, non sono perenni, non sono malattie per cui si possa dire: «Ah, è tremendo! Io sono triste da ben tre anni!» Sono stati d'animo e, come tali, modificabili. In una stessa giornata ti può capitare di passare svariate volte da uno stato d'animo all'altro.

SEGRETO n. 18: saper gestire le proprie emozioni significa sfruttarle al meglio per raggiungere il peak state, rendendo inoffensive quelle negative e facendo esplodere le positive.

Sugli stati d'animo possono influire tanti fattori: la tua postura, la tua fisiologia, quello che ti dici internamente, cioè il tuo dialogo interiore, le immagini che visualizzi nella tua mente. La PNL ha, in un certo senso, creato un "libretto di istruzioni" del nostro cervello. Riuscire a padroneggiare il proprio stato d'animo in ogni occasione, infatti, ti permette di gestire ogni situazione, dall'esame scolastico o universitario al colloquio di lavoro, o altro.

Ad esempio, andare alla cattedra e parlare con il professore davanti a tutta la classe è parlare in pubblico a tutti gli effetti. Se è così, perché gli insegnanti non preparano gli allievi a farlo adeguatamente? La formazione tradizionale basa lo studio scolastico e universitario sull'apprendimento di concetti e contenuti senza tenere nella giusta considerazione la persona nella sua complessità. Bisognerebbe invece lavorare per prima cosa sulla persona, insegnando non solo a leggere, a scrivere, a memorizzare, ma anche a ripetere e a esporre di fronte ad altre persone. Il giudizio, il voto attribuiti da un professore dipendono infatti non solo dalla preparazione, ma anche dalla capacità di parlare in pubblico. Ci sono persone che a casa studiano tantissimo, ma all'interrogazione o all'esame non riescono a controllare la loro emotività e di conseguenza prendono brutti voti. Viceversa, c'è chi riesce a compensare le carenze della propria preparazione con una buona capacità espositiva e con la sicurezza in se stesso, e questo renderà di gran lunga più facile la sua vita scolastica e universitaria.

Se ci pensi bene, nel parlare in pubblico è fondamentale gestire il proprio stato emotivo. Se entrassi in aula deconcentrato, pensando ai fatti miei, oppure impaurito, non potrei essere motivato né sereno e pronto a trasmettere determinati concetti. Ecco perché nei corsi di *Public speaking* la prima cosa che si insegna è gestire lo stato attraverso la fisiologia: come adottare una postura corretta, come acquisire un certo modo di gesticolare, come ottenere la padronanza delle emozioni interne. Questo permette di acquisire lo stato d'animo giusto per poter rendere al massimo in qualsiasi occasione.

Solo successivamente si può imparare come strutturare i contenuti e come rivolgersi al pubblico. Spesso nei corsi in cui si impara a parlare in pubblico ci si sente dire: «La prima cosa è capire a che tipo di target ti rivolgi». Infatti devi capire qual è il target, ovvero le caratteristiche del pubblico che hai di fronte, per costruire un contenuto appropriato da esporre. Tuttavia, puoi avere contenuti perfetti e un pubblico che è pronto ad ascoltarti, ma se prima non hai fatto un lavoro su te stesso, comincerai a tremare, avrai paura, non sarai sicuro di te, non sarai sereno e, alla prima alzata di mano, alla prima obiezione, sarai preso dal panico e non riuscirai a trasmettere nulla.

La PNL insegna a sfruttare meglio le proprie risorse senza eliminarne nessuna, ma anzi traendo degli insegnamenti dalle emozioni negative; il dolore, la paura servono a capire gli sbagli da non ripetere in futuro. Alcune persone non provano neanche a uscire dal loro stato di sofferenza perché sono convinte che stare male le aiuti, e in parte hanno ragione. C'è una parte dello stare male che ci insegna qualcosa, che ci motiverà, magari, a un cambiamento; c'è una parte di dolore che può essere riutilizzato. L'importante è non diventarne schiavi per giorni, mesi, anni, ma utilizzare l'insegnamento che ci propone la sofferenza di quel momento per vivere meglio in futuro.

Paul McKenna, un altro grande esponente della PNL che lavora a Londra, dice: «Noi possiamo imparare a gestire le emozioni con tutte le tecniche possibili e la PNL ne ha tantissime. Però, prima di farlo, prima di prendere un'emozione e allontanarla perché non ci serve più, dobbiamo fare in modo che non ci serva più». Analizza quindi l'emozione che stai vivendo e chiediti: «In questo momento ho paura. Perché ho paura? Cosa genera questa paura? Che utilità ha? Che vantaggio può procurarmi?»

SEGRETO n. 19: la PNL ha creato una sorta di "libretto di istruzioni" del cervello umano, indicandoci tutti i fattori che possono influire sul nostro stato d'animo; ciò ci permette di sfruttare al meglio le nostre risorse per migliorarlo.

Le emozioni negative nascondono sempre un vantaggio secondario, c'è sempre un bisogno che viene soddisfatto. La paura può essere un campanello d'allarme. Se siamo stati traditi da una ragazza, il dolore, la sofferenza possono voler dire: «Stai attento la prossima volta che ti impegni in una relazione». Quindi, raccogli l'insegnamento di essere più oculato nella scelta del partner o comunque più focalizzato sul tipo di partner che vuoi, ma poi manda via l'emozione negativa per non rimanerne schiavo.

In questo modo, probabilmente, ti focalizzerai sulla persona che vuoi e prima o poi la troverai. Sapevi che Edison ha creato diecimila "non-lampadine" prima di inventare la lampadina?

Cioè, ha avuto diecimila fallimenti; ma lui non li ha mai considerati tali, vedendoli piuttosto come diecimila modi per inventare qualcos'altro. Questo è uno degli aneddoti più conosciuti nella formazione; serve a far capire che un fallimento non è mai una sconfitta definitiva ma nasconde un insegnamento.

Da un tentativo non riuscito puoi comunque imparare; continua a provare finché non troverai la strada giusta. L'importante è non avere paura del fallimento; se cominci a dire: «Ecco, ho fallito, perché ho fallito?» ti farai domande sbagliate che ti porteranno a risposte non di qualità, che non ti guideranno nella direzione giusta ma ti lasceranno semplicemente nel tuo stato negativo.

Se invece imparerai a gestire l'emozione potrai uscire dallo stato negativo, metterti in uno stato positivo, raccogliere al meglio il tuo insegnamento e andare avanti nella vita. Così non avrai mai fallimenti ma solo esperienze che ti saranno utili per crescere.

Robbins afferma di essere cresciuto tanto proprio perché viveva in una situazione di totale miseria, totale dolore, totale fallimento. Dice: «Ero sovrappeso, pesavo 120 chili, vivevo in una monocamera di dieci metri quadrati, non avevo i soldi per mangiare». Ha toccato il fondo e ha deciso di cambiare. Quindi si è motivato proprio con questo dolore, con l'insegnamento che gli ha dato la sua esperienza, ma solo perché ha deciso di farlo. Si è messo in uno stato positivo e ha detto: «Bene, io non accetto più questi standard, voglio alzarli» ed è riuscito a farlo molto bene.

Gli insegnamenti sono importantissimi, non vanno mai trascurati ed è fondamentale imparare a utilizzare il tuo cervello. Bandler dice: «L'unico modo per imparare a usare il cervello è capire cosa vediamo, cosa ascoltiamo, che sensazioni proviamo di fronte alle situazioni, di fronte alle esperienze, di fronte alle emozioni, negative o positive che siano».

Bandler ha analizzato persone di diverso tipo ponendo loro una serie di domande, come ad esempio: «Tu che immagini hai? Che sensazioni provi? Cosa ti dici?», e le ha "modellate". Ha notato che a seconda delle immagini che le persone vedono, delle sensazioni che avvertono e dei suoni che ascoltano, cambiano i livelli emotivi di fronte a una data situazione.

SEGRETO n. 20: le emozioni negative nascondono sempre un vantaggio secondario; c'è sempre un bisogno che, per il loro tramite, richiede di essere soddisfatto.

È un concetto molto semplice che non ha nulla a che vedere con i contenuti delle immagini, quindi con obiettivi, problemi, paure o emozioni positive. La Programmazione Neuro-Linguistica lavora sulla forma più che sui contenuti, questo è fondamentale. In PNL, infatti, si parla di azioni segrete proprio perché non è necessario conoscere i contenuti, ma piuttosto quali sensazioni provi riguardo a quei contenuti, come li visualizzi e cosa senti nel momento in cui li immagini. Tutto il lavoro che potrai fare con l'ausilio di questa guida sarà sulla forma.

Bandler, in uno dei suoi studi più famosi, quello sulla cura delle fobie, cui abbiamo già accennato nelle pagine precedenti, insegna come superare emozioni negative molto semplici, come la paura di un esame. Racconta come aiutò una persona che si era rivolta a lui per liberarsi da questo problema. Cominciò con il chiedere: «Che immagini ti crei del tuo esame?», e quella persona rispose: «Be', visualizzo un filmato in cui va tutto male, sudo, non riesco a parlare, non ricordo nulla, ho vuoti di memoria, tremo. Insomma, mi sento a terra!» «Ah, bene!» rispose Bandler «e ogni quanto tempo vedi questo filmato?», e l'altro: «Eh, ogni volta che ci penso vedo questo filmato. Lo vedo in continuazione!»

«Ma scusa», continuò Bandler, «se tu andassi al cinema e vedessi un film che non ti piace, torneresti a rivederlo altre cento volte?» Ovviamente no, eppure nella nostra mente lo facciamo. Ma, come dice Bandler, se questo meccanismo funziona così bene, lo puoi usare al contrario, in modo produttivo.

Quante volte ti è capitato di vedere un bel film e di volerlo rivedere molte altre volte, magari in videocassetta o in TV? Questo accade perché, comunque, ogni volta puoi apprezzare nuovi particolari, puoi rivivere delle emozioni. In fondo il film può essere già un ancoraggio, ma è importante utilizzarlo in maniera potenziante.

SEGRETO n. 21: in PNL si parla di azioni segrete proprio perché ci si concentra maggiormente sulla forma piuttosto che

sui contenuti; è importante come li visualizzi e cosa senti, più dei contenuti in sé.

Prima di affrontare il lavoro sulla forma, voglio tuttavia proporti un esercizio che lavora sul contenuto, così da permetterti di avere ben chiara la differenza.

L'esercizio si chiama "ponte sul futuro" e lavora sui contenuti e solo in parte sulla forma. In un certo senso puoi sperimentare la stessa tecnica che Bandler suggerisce allo studente che ha paura di affrontare l'esame, ovvero: «Creati un film in cui va tutto bene». Si tratta infatti di fare quasi un salto nel futuro, di immaginarti mentre quella situazione, che ti procurava un po' di ansia e di timore, si concretizza nel modo più auspicabile, in assoluta tranquillità, tanto da permetterti di abituarti a viverla.

Ho imparato questo esercizio in un corso di public speaking, in quanto per affrontare una platea è fondamentale prepararsi prima. Infatti, se si arriva lì incapaci di gestire lo stato, potrebbero non bastare le altre tecniche apprese.

Ad esempio mi immaginavo, mi visualizzavo mentre ero in un'aula: possibilmente proprio nell'aula in cui dovevo tenere il corso, perché più realistica è la visualizzazione, meglio è. Le persone erano contente, mi applaudivano, io mi sentivo bene, mi dicevo: «Sei grande! Sta andando tutto bene! Ti senti sicurissimo!» È necessario però che tu entri nella situazione, che tu sia "in associato" e quindi guardi esattamente dai tuoi occhi, come se stessi vivendo quel film da protagonista.

La differenza tra **associato** e **dissociato** è molto semplice: quando sei dissociato sei fuori, quindi vedi un film in cui tu stai agendo. Immagina ad esempio di visualizzarti mentre sei al parco dei divertimenti sulla giostra delle "montagne russe", mentre, in realtà, tu sei seduto su una panchina a guardare te stesso sul vagone che va su e giù. A che livello sarà la tua emozionalità? Basso, perché in realtà sei fuori, sei dissociato, vedi la situazione dall'esterno.

Immagina invece di associarti, cioè di entrare nel film di cui sei il protagonista, di salire sul vagone delle montagne russe, di avere la cintura chiusa in vita, di "schizzare" su e giù con il vagoncino al quale sei ancorato, di fare il giro della morte e sentire lo stomaco che ti sale in gola. L'emozionalità, ovviamente, sale perché sei dentro, lo stai facendo in prima persona. Quindi, riassumendo, essere dissociato significa visualizzare la situazione dall'esterno: ti vedi mentre guardi l'azione che si compie; essere associato vuol dire vivere la situazione dall'interno, ossia immaginare di viverla in prima persona, quindi guardi con i tuoi occhi e ascolti con le tue orecchie tutto ciò che succede.

Perché è importante che tu sia in associato nel fare l'esercizio del ponte sul futuro? Perché è bene che tu sia pronto a vivere la vera situazione, e non una situazione immaginaria, in cui ti guardi dall'esterno mentre agisci. Devi vivere esattamente le emozioni che proverai il giorno in cui dovrai affrontare ciò che ti preoccupa e ti crea ansia, perché quel giorno vivrai la situazione in prima persona. Devi stare dentro, visualizzare esattamente quello che vedrai in quel contesto. Per questo può essere utile che tu cerchi di conoscere in anticipo il posto dove andrai a fare un colloquio di lavoro o l'aula dove farai l'esame, in modo da rendere il luogo il più possibile realistico nella tua visualizzazione. Inoltre, se già conosci il tuo target, il tuo pubblico, tanto meglio.

Ricorda che il cervello non distingue ciò che è vividamente immaginato da ciò che è reale. Quindi, se ti crei una visualizzazione ben fatta, il cervello avrà quella stessa risposta, a livello di sensazioni, che avrebbe se tu le vivessi realmente. Questo non vuol dire che puoi confondere una cosa immaginata con la realtà, anche se nei sogni è così. In una visualizzazione semplice, infatti, sei consapevole del fatto che non è la realtà. Tuttavia la risposta emotiva è la stessa e questo è ciò che ci interessa.

Le tue emozioni cambiano se sei dissociato o associato. A seconda di "come" tu vedi l'immagine, avvertirai una diversa emozionalità. Al tempo stesso è importante che l'immagine sia multisensoriale, cioè che coinvolga tutti i sensi. In PNL, come detto in precedenza, si parla di cinque sistemi rappresentazionali (VAKOG). Tuttavia, spesso i cinque sistemi vengono racchiusi in tre grandi gruppi: V, A, K; V sta per "visivo", ovvero ciò che vediamo, A per "auditivo", ciò che sentiamo, e K per "cinestesico", che assomma in sé anche i sistemi rappresentazionali gustativo (G) e olfattivo (O), e concerne sensazioni interne ed esterne. È fondamentale che questi tre fattori ci siano. Quindi, quando entri nel tuo filmato, devi vedere in associato più particolari possibile, il luogo, le persone, i vestiti che indosserai.

All'immagine dovrai aggiungere anche dei suoni. Magari gli applausi, le voci delle persone che ti fanno i complimenti, oppure quello che tu dirai a te stesso con la tua voce interiore: «Va tutto bene, ce l'hai fatta, sei grande!» Utilizza il tuo dialogo interiore a tuo favore: questo ti farà sentire bene. E infine le sensazioni, la parte cinestesica: localizza il senso di sicurezza in una precisa parte del tuo corpo, la pancia, ad esempio, o lo stomaco, o dovunque sia. L'importante è coinvolgere anche le sensazioni. Se per esempio devi scrivere alla lavagna durante un corso, immaginati mentre prendi il pennarello in mano e scrivi; poi, mentre stringi la mano alle persone alla fine della lezione. Qualsiasi cosa fai, rendila più realistica possibile, utilizzando tutti i sensi. Quindi ogni immagine dovrà essere multisensoriale e in associato.

Uno degli errori che vengono fatti in questo esercizio è quello di non associarsi completamente, quindi di rimanere fuori, rimanere esterni; l'emozionalità non sarà la stessa e quindi non funzionerà. Tu creati questo filmato positivo e ripetilo una, due, cento volte, esattamente come facevi prima con il filmato contrario in cui andava tutto male. Nel momento in cui arriverai in aula a parlare in pubblico sarà la centunesima volta, e per il tuo cervello sarà un'esperienza normale, ovvia. Certo, la realtà è leggermente diversa, ma sarai più preparato emozionalmente.

Nel ponte sul futuro puoi anche immaginare eventuali obiezioni o critiche che potrebbero esserti mosse per ciò che dici, così da rendere l'esercizio veramente realistico. Se visualizzerai un filmato in cui è tutto perfetto, le tue convinzioni potrebbero venire meno nel momento in cui qualcuno vorrà contraddirti. A quel punto, infatti, il tuo cervello potrebbe dire: «No, a questo non ero preparato». Cerca di vederti anche mentre qualcuno ti fa un'obiezione o capita un altro imprevisto e tu rispondi in maniera perfetta, gestendo al meglio il tuo stato d'animo e affrontando la situazione senza problemi.

Istintivamente tendiamo ad essere associati in alcune situazioni, dissociati in altre. Pensa a quando ti è capitato di innamorarti o, se lo sei tuttora, pensa al tuo attuale rapporto. Spesso, quando si è molto innamorati, si tende a vedere solo i pregi di una persona e a ricordare solo le situazioni in cui è andato tutto bene. Si è in associato, coinvolti con tutti i sensi naturalmente, senza bisogno di tecniche. Al contrario, i difetti dell'altra persona si tende a non vederli del tutto o, al massimo, vengono visti in dissociato con l'emozionalità a zero. Cosa cambia quando quella persona ci fa male o magari ci tradisce, oppure ci lascia? Improvvisamente vediamo tutti i difetti, mentre i pregi scompaiono.

In quello stato d'animo, cosa succede? Se facessimo caso alle immagini o ai filmati che ci creiamo nella mente, ci accorgeremmo che, al contrario della situazione precedente, siamo associati in tutte le situazioni peggiori, i litigi e altri momenti spiacevoli, e dissociati nei momenti per noi più belli e felici. Diremmo: «Quel momento di sofferenza mi sembra ancora di viverlo, tanto è presente!» e invece: «Sì, va bene, quella volta siamo stati felici, ma ormai non è che un ricordo lontano». Essere associati o dissociati riguarda solamente la forma dell'immagine, non il contenuto. Quindi, se il contenuto è brutto e tu ti associ, sarà ancora più brutto: «Che episodio triste! Avverto ancora la sofferenza, il dolore, come fossi lì». Se invece il contenuto è bello e tu ti associ, sarà ancora più bello: «Quel momento è stato così felice che ci penso sempre intensamente, ogni volta mi pare proprio di riviverlo!»

Il segreto sta nel prendere le emozioni negative e dissociarsi, quelle positive e associarsi. Lo puoi fare attraverso una submodalità molto semplice: cambiando la forma delle immagini o dei film che visualizzi, non il loro contenuto. Il cervello collega infatti l'essere associati a un alto grado di emozionalità; la PNL ha solo scoperto, e non inventato, questa funzione cerebrale. Puoi usare questo strumento come vuoi. Puoi fare un passo indietro di fronte a una situazione spiacevole e guardarla dall'esterno, perché, se l'emozionalità è più bassa, puoi sicuramente analizzarla meglio. Oppure puoi farti del male associandoti a immagini negative.

Si tratta di proiettarti in quel momento in cui hai già raggiunto il tuo obiettivo, di viverlo in prima persona, in associato, in maniera multisensoriale in modo da gustarti già il risultato, la soddisfazione di aver raggiunto la meta che ti eri prefisso, per aumentare la motivazione. È un lavoro che si può fare in varie situazioni, sia per la gestione dello stato, e quindi per raggiungere uno stato di picco emotivo, il peak state, che per aumentare la motivazione e in generale l'autostima.

Durante uno dei miei corsi una ragazza mi disse: «Adesso che sto parlando di fronte a tutti, mi vedo dissociata». È anche un modo per scaricare la tensione di parlare davanti a un pubblico: va benissimo, non c'è nulla di male. Ti puoi preparare a vederti in associato per affrontare la paura, e poi, se mentre vivi la paura fai un attimo un passo indietro con la mente e ti vedi dall'esterno, va benissimo; l'intensità emozionale diminuisce e quindi riesci a gestire meglio la cosa.

Affinché il concetto ti sia più chiaro, ti riporto la trascrizione di una dimostrazione fatta in aula.

****

GIACOMO: Vuoi provare l'esercizio del "ponte sul futuro"? Dai, che è divertente! Vieni tu, Anna? Perfetto. Facciamole un applauso! Ora pensa a una situazione che devi affrontare…

ANNA: Che tipo di situazione, in particolare?

GIACOMO: Può essere un colloquio di lavoro, un esame, una trattativa con il capo, una riunione, qualsiasi cosa. Ti viene in mente?

ANNA: Sì, c'è una situazione che dovrò affrontare a breve. Si tratta di…

GIACOMO: No, non è necessario che tu ce lo dica. In PNL i contenuti non ci interessano, ciò che ci interessa è la forma. Immaginati in quella situazione, quindi vivila in associato. Guardala dai tuoi occhi e vedi che va tutto bene; osserva le persone intorno a te, se ci sono, che ti sorridono, l'ambiente che ti fa star bene. E mentre guardi tutto questo, parla con te stessa, usa il tuo dialogo interiore per dirti che va tutto bene, va tutto perfettamente bene, va veramente tutto benissimo.

ANNA: Devo cercare di modificare il mio dialogo interiore per gestire al meglio il mio stato emotivo?

GIACOMO: Usa le parole che normalmente usi quando va tutto bene. Senti di esser soddisfatta, tutto quello che per te è importante si è realizzato. Senti che anche le altre persone ti dicono qualcosa, si complimentano, sono soddisfatte di te.

ANNA: Sì, ecco, ci sono.

GIACOMO: Ora senti esplodere dentro di te questa sensazione di sicurezza, di gioia, di felicità, sino ad arrivare allo stato di picco emotivo, al tuo peak state. Guardate come cambia il respiro, come cambia la postura! Sembra quasi che dica: «Ah, che bello! Quand'è che si fa questo colloquio? Quando si tiene questa riunione?» Ecco, tutto qui. È molto facile, ti pare?

ANNA: Sì, è stato davvero semplice, ed è utilissimo: mi sento davvero molto meglio.

GIACOMO: Va bene, facciamole un applauso!

****

Come vedi è un esercizio semplicissimo. Ti chiederai se le parole che Anna ha utilizzato in questa dimostrazione siano importanti; ebbene, sono importantissime, perché ci fanno capire quali sono le submodalità delle immagini e delle sensazioni della persona che sta facendo l'esercizio. Le parole che le persone utilizzano, o che noi utilizziamo, esprimono esattamente le submodalità relative all'immagine, al filmato, alle sensazioni, ai suoni, alle voci che abbiamo nella mente. Quindi non sono casuali.

Il ponte sul futuro, come mi è stato confermato più volte durante i corsi, procura una bella sensazione e rende visibile agli occhi degli altri un cambiamento nella fisiologia della persona. Quando le persone stanno molto bene e amplificano quella sensazione di benessere, magari raggiungendo il peak state, lo stato di massimo benessere, si vede senza alcun dubbio. In certi libri di PNL, non di Bandler, si viene invitati a controllare anche i piccoli movimenti delle labbra, il colore della pelle, ma ci vuole un grande impegno e tanta esperienza per notare questi cambiamenti così poco evidenti. Bandler, invece, dice: «Il cambiamento che voglio vedere in voi, quando amplificate una sensazione, è che esplodiate di gioia! Vi deve venire spontaneo fare un sorriso a trentadue denti.» E questo l'ho notato in molte dimostrazioni in cui la persona ha cambiato respirazione, ha sorriso, si è alzata pronta e combattiva nei confronti della situazione che aveva deciso di affrontare. Infatti, acquisire un migliore stato emotivo permette di rendere nel migliore dei modi, in qualsiasi occasione.

Quando qualcuno dice: «Ho un muro davanti» è perché vede effettivamente un muro nella sua immagine mentale. Chi afferma: «Ho un futuro brillante» è perché, magari, vede una luce davanti a sé. Quante volte hai sentito l'espressione: «Ho un peso sullo stomaco», oppure «Sento come un peso che mi schiaccia»? Sono tutte submodalità, immagini mentali multisensoriali. Quello che puoi e devi fare è abituarti a fare da solo questo esercizio molto facile, così da allenare il cervello a eseguirlo in automatico.

Quando fai una cosa per più di una volta, nel tempo il cervello impara a farla da solo. Tutto ciò che sa fare lo ha appreso; riabituiamolo quindi ad apprendere una tecnica positiva, potenziante. In questo modo, anche di fronte a una situazione che crea stress o paura, sarà in grado di dire: «Andrà tutto bene», e in un batter d'occhio potrà farsi un'immagine, un filmato che ti farà provare delle sensazioni di piacere assoluto. Con il supporto di questa tecnica diverrà bello anche andare dal dentista o affrontare altre situazioni spiacevoli.

SEGRETO n. 22: con l'esercizio del ponte sul futuro puoi modificare lo stato emotivo connesso a una situazione che ti preoccupa, creandoti un film mentale in cui va tutto per il meglio; ma è necessario che tu sia "in associato", che tu viva quel film da protagonista.

Quindi, insegna al tuo cervello a lavorare bene. La PNL ti fornisce il libretto di istruzioni e tu devi imparare a utilizzarlo, però, una volta imparato, è fatta. Ad esempio, quando hai cominciato a guidare la macchina, qualcuno ti avrà dovuto spiegare come accenderla, inserire la marcia, come dosare il piede sulla frizione, a distinguere il freno dall'acceleratore; poi ogni cosa è divenuta automatica. Hai imparato anche a guidare nel traffico, con la pioggia battente, la neve o in altre situazioni difficoltose. Magari all'inizio riuscivi a pensare a poche cose alla volta; ad esempio, guidando, non riuscivi ad accendere la radio, a parlare con il passeggero accanto a te o ad aprire il finestrino.

Ricordo ancora la volta in cui, in compagnia di mio cugino, feci per la prima volta un giro in macchina. Avevo il foglio rosa, dovevo ancora prendere la patente ma, nonostante questo, mi fece andare da Roma a Bracciano e fui costretto a guidare su una strada pericolosissima. Due pazzi! Lui in più, per mettermi alla prova, ogni tanto mi distraeva chiedendomi: «Accendi la radio? Su, mi sto annoiando!», e io rispondevo: «No. Ma come?» Mi sentivo bloccatissimo! Oppure: «Dai, apri il finestrino, sto morendo di caldo!», e io: «No, no. Ora no, magari dopo…».

Specifico che la macchina che guidavo in quell'occasione aveva ancora l'apertura del finestrino a manovella, quindi manuale. Ti rendi conto di come tutto questo complicasse ancor più la mia situazione! Però, dopo un po' che fai le cose, impari a farle automaticamente.

Se noi insegniamo al cervello un certo meccanismo lui, poi, reagirà in maniera automatica. Ovvero, se tu ti abitui a gestire con un semplice esercizio come il ponte sul futuro ogni situazione difficile che ti trovi ad affrontare, comincerai a convincerti di essere in grado di fronteggiare qualsiasi situazione. Se, utilizzando alcune tecniche, insegnerai al cervello convinzioni potenzianti, ti sentirai sempre meglio.

SEGRETO n. 23: impara a utilizzare al meglio il tuo cervello; se lo istruisci a rispettare un certo meccanismo, reagirà in automatico e ti lascerà tempo per pensare ad altro.

In generale, ciò che utilizziamo per la gestione delle emozioni, come hai visto in questo esercizio, sono le **rappresentazioni interne**.

RIEPILOGO DEL GIORNO 4:

- SEGRETO n. 18: saper gestire le proprie emozioni significa sfruttarle al meglio per raggiungere il peak state, rendendo inoffensive quelle negative e facendo esplodere le positive.

- SEGRETO n. 19: la PNL ha creato una sorta di "libretto di istruzioni" del cervello umano, indicandoci tutti i fattori che possono influire sul nostro stato d'animo; ciò ci permette di sfruttare al meglio le nostre risorse per migliorarlo.

- SEGRETO n. 20: le emozioni negative nascondono sempre un vantaggio secondario; c'è sempre un bisogno che, per il loro tramite, richiede di essere soddisfatto.

- SEGRETO n. 21: in PNL si parla di azioni segrete proprio perché ci si concentra maggiormente sulla forma piuttosto che sui contenuti; è importante come li visualizzi e cosa senti, più dei contenuti in sé.

- SEGRETO n. 22: con l'esercizio del ponte sul futuro puoi modificare lo stato emotivo connesso a una situazione che ti preoccupa, creandoti un film mentale in cui va tutto per il meglio; ma è necessario che tu sia "in associato", che tu viva quel film da protagonista.

- SEGRETO n. 23: impara a utilizzare al meglio il tuo cervello; se lo istruisci a rispettare un certo meccanismo, reagirà in automatico e ti lascerà tempo per pensare ad altro.

GIORNO 5:

Submodalità Visive

Le rappresentazioni interne sono quello che vedi, provi, senti all'interno della tua testa, della tua mente, del tuo corpo. Dalle rappresentazioni interne derivano le submodalità. Come ho già detto, la PNL considera tre grandi gruppi: V, A e K, che riuniscono in sé i cinque sistemi rappresentazionali VAKOG. V sta per visivo, A per auditivo e K, che sta per cinestesico, assomma in sé tutto ciò che concerne le sensazioni, nonché gli altri due sistemi rappresentazionali, olfattivo e gustativo.

Queste sono le modalità. Tu puoi dunque vedere un'immagine, puoi ascoltare un dialogo interiore o dei suoni, dei rumori, oppure puoi provare delle sensazioni. Per dirla con una metafora, immagina di dover cucinare una torta: hai bisogno sicuramente degli ingredienti che sono appunto il sistema visivo, l'auditivo e il cinestesico, ma ti serve anche un altro dato, ovvero devi conoscere le dosi e la qualità degli ingredienti da utilizzare. Per cui devi chiederti: «Quanto zucchero metto nell'impasto? Che tipo di zucchero?» Queste sono le **submodalità** – a volte citate anche come **sottomodalità**–; sono le specifiche, le quantità degli ingredienti visivo, auditivo e cinestesico che ti servono per creare la tua "torta".

Ad esempio puoi prendere un'immagine legata a qualcosa che devi affrontare, ma quest'immagine com'è? È grande, è piccola, vicina, lontana? Sei associato o dissociato? È un'immagine ferma o è un film? E di submodalità ce ne possono essere tante altre; auditive, ad esempio, perché un suono può avere un volume alto o basso, può avere molte pause, può trattarsi di un dialogo oppure no. E qui entra in gioco anche il contenuto: può provenire da destra o da sinistra, da una persona o dal mio dialogo interno. E le sensazioni, come sono? Puoi avvertirle nella pancia, nel petto, nel cuore. Può essere un brivido che ti scorre in tutto il corpo. Può essere un peso o può sciogliersi.

Tutte queste caratteristiche rappresentano i quantitativi degli ingredienti che andranno nella tua torta, ovvero le submodalità. Il cervello ha imparato nel tempo a riconoscere queste rappresentazioni interne e, in base a come sono fatte, alle loro submodalità, a distinguere una cosa bella da una brutta, un'emozione forte da una di bassa intensità e così via. Ha imparato, cioè, a dare un senso, un significato alle cose in base alle submodalità che hanno.

Ti faccio un altro esempio. Se compri del prosciutto al supermercato, sulla confezione trovi un'etichetta con un codice a barre. Nel momento in cui sei in cassa per pagare, il codice a barre, che per te non significa niente, viene passato sotto il lettore ottico che lo decodifica e sul display appare: «Questo è il tal tipo di prosciutto e costa x euro». Il cervello si comporta come il lettore, vede le submodalità e dice: «Bene, questa immagine è grande, questa è luminosa, questa è a colori molto intensi, quindi l'emozione è intensa», forse tanto intensa da portarlo allo stato di picco emotivo. Attribuirà quindi ad ogni immagine un significato diverso in base a quelle submodalità visive, auditive e cinestesiche. Perciò, variando le submodalità puoi variare il significato e le sensazioni associate a quelle immagini, a quel filmato, a quei suoni, a quelle sensazioni.

Se in una certa situazione ti associ, il cervello riconoscerà che l'emozionalità è più alta e più intensa; se ti dissoci il cervello dirà: «Ah, bene! Non riguarda me ma un'altra persona», e la sensazione comunque sarà più distante, di intensità minore. Il cervello funziona così. Non sappiamo perché una data tecnica funzioni, né vogliamo saperlo, in quanto in PNL non ci interessano i "perché" ma solo che il risultato sia positivo. Funziona? Bene, la accetto e la utilizzo a mio vantaggio. Quindi, di fronte a un'emozione positiva ti avvicini il più possibile ad essa, potenziando l'intensità del tuo stato emozionale. Al contrario, di fronte a una situazione spiacevole puoi semplicemente fare un passo indietro e cominciare ad allontanarti per avere un minore impatto emotivo.

Quando una persona dice: «Ho bisogno di prendere le distanze da questa situazione» non c'è bisogno che parta per l'America, basta che prenda quell'immagine e l'allontani, oppure se ne dissoci. Con le submodalità puoi cambiare la percezione delle tue esperienze. Spesso si dice: «Il passato ormai non si può cambiare». È vero, i contenuti sicuramente non si possono cambiare, sono quelli che sono; ma nella nostra testa non abbiamo i contenuti, bensì ricordi sotto forma di immagini, suoni e sensazioni che possono essere modificati attraverso le submodalità. Per cui, grazie ad esse, puoi cambiare il passato, o almeno la percezione che hai avuto di esso, la percezione che oggi hai del presente e del futuro stesso.

Puoi fare in modo, quindi, che quell'esame che ti spaventava tanto non ti spaventi più. Parlare in pubblico ti ha sempre preoccupato? Bene, da domani non ti preoccuperà più. Come? Cambiando la percezione. È molto importante capire che tutto ciò che abbiamo in testa non è altro che la percezione della realtà che abbiamo intorno.

Non in tutti i corsi il discorso sulle submodalità viene però affrontato in maniera approfondita, perché comprenderne il funzionamento sembra talmente facile da non richiedere troppa attenzione. Ciò che non viene di solito messo in luce è quanto esse possano influenzare la nostra vita. Una corsista una volta mi ha detto: «Delle submodalità mi hanno già parlato in altri corsi, però sono curiosa di vedere come le affronti tu, perché sicuramente lo farai in un modo leggermente diverso dagli altri e io potrò imparare qualcosa di nuovo». È molto importante, infatti, cogliere anche le varie sfumature. Perché, essendo le submodalità piccole differenze nei modi di percepire la realtà, anche qualche dettaglio spiegato diversamente può darti qualcosa in più. Quindi fai tesoro di ogni singola spiegazione.

SEGRETO n. 24: le submodalità sono le specifiche, le quantità di ingredienti visivo, auditivo e cinestesico che ti servono per costruire la tua "torta", ovvero per migliorare il tuo stato emozionale.

Vediamo perciò quali sono le submodalità che, come ti ho detto, fanno parte delle tre modalità, dei tre modi rappresentazionali della PNL: visivo, auditivo, cinestesico.

Iniziamo con le visive che sono le più immediate, le più facili da comprendere. Nella tabella seguente te ne riporto alcune: **distanza, dimensione, movimento, luminosità, colore/bianco e nero, associato/dissociato, nitidezza, posizione.**

SUBMODALITÀ:	DOMANDE DI SPECIFICA SULL'IMMAGINE:
DISTANZA	È di fronte a te, piuttosto vicina? È lontana o lontanissima? È in alto? In basso? A mezza altezza?
DIMENSIONE	È piccola? Minuscola? Grande? Enorme? Non ha confini? Ha una cornice? È circoscritta o illimitata?
MOVIMENTO	È una fotografia o un filmato? Se vedi delle persone, si muovono?
LUMINOSITÀ	È molto o poco luminosa? È completamente buia o addirittura troppo chiara?
COLORE/ BIANCO E NERO	È a colori o in bianco e nero? Nel primo caso, i colori sono accesi o spenti? Realistici o stile cartone animato?
ASSOCIATO/DISSOCIATO	Stai guardando la situazione con i tuoi occhi, ascoltando con le tue orecchie, o vedi te stesso dall'esterno?
NITIDEZZA	È nitida, ben definita o un po' sfocata? I dettagli sono chiari? Ci sono punti più nitidi e meno nitidi?
POSIZIONE	È proprio di fronte a te o spostata un po' a sinistra o a destra? Non è di fronte a te ma alle tue spalle?

Come accennavo, queste non sono che una parte delle submodalità esistenti; te ne potrebbero venire in mente altre che per te sono importanti: in tal caso puoi aggiungerle tranquillamente.

Ti propongo subito un esercizio: creati un'immagine di una cosa bella, di un ricordo piacevole, e guarda a che **distanza** è da te. Ce l'hai davanti agli occhi? È lontanissima? Più o meno, a quale distanza è dal suolo? Un metro, quindi a mezz'altezza? A dieci metri, quindi altissima? Molto bassa, a un centimetro da terra? Bene, verifica la distanza di questa immagine: vicina, lontana, media e lasciala lì com'è.

La seconda submodalità che prendiamo in considerazione è la **dimensione.** Questa immagine è piccola, è grande, è enorme? Non ha confini? Oppure ha una cornice? È chiusa o è infinita, illimitata? Quindi, alla distanza cui l'hai vista prima, guarda se è piccola, grande, enorme, infinita.

Poi, ferme restando distanza e dimensioni, è un'immagine fissa o in **movimento**? Cioè, è come una fotografia o è un filmato? Le persone si muovono?

Verifica anche questa differenza, poi controlla la **luminosità**. È molto o poco luminosa? È molto scura, completamente buia o molto chiara, troppo chiara? Perché anche troppa luce rende un'immagine non ben visibile.

Poi, i colori; è a **colori** o in **bianco e nero**? Se è a colori, i colori sono vividi, accesi o spenti? Sono colori pastello? Sono colori realistici o tipo fumetto, cartone animato?

Torniamo alla distinzione **associato/dissociato**: vedi te stesso dall'esterno oppure stai guardando proprio con i tuoi occhi, senti le sensazioni, i suoni, i rumori dall'interno? E inoltre, è un'immagine **nitida**, ben definita, oppure un po' sfocata? I dettagli sono tutti chiari oppure no? Ad esempio, è nitida in un punto e sfocata sul contorno? Magari c'è un particolare su cui ti sei focalizzato che è molto nitido e il resto è un po' sfumato, oppure è tutta sfumata o tutta nitida. Si tratta solo di esempi, puoi avere in mente altre mille combinazioni.

Passiamo infine alla **posizione**. Dov'è? È proprio davanti a te o è un po' a sinistra o un po' a destra? È un po' in alto o un po' in basso? O non è davanti ma è dietro di te, la vedi che ti arriva da dietro come se fosse nel passato? La posizione è importante. Queste sono le submodalità visive più importanti, quelle principali. Più che parlarne è meglio farne esperienza, ecco perché ho voluto proporti questo piccolo esercizio. È utile per renderti consapevole che hai delle immagini nella mente: sono le quantità di quegli ingredienti, visivo, auditivo, cinestesico, di cui abbiamo parlato.

SEGRETO n. 25: le submodalità visive sono le più immediate, le più facili da comprendere, poiché riguardano le immagini che creiamo nella nostra mente.

Per ora parliamo solo del visivo. Un'immagine può essere grande, piccola, vicina, lontana; può stare a destra, a sinistra, in basso, in alto. Ora, tutti questi dettagli li puoi variare come vuoi. Fino a prova contraria sei tu il regista del tuo film, della tua immagine. Hai tu il controllo del tuo cervello, dunque nulla ti vieta di prendere un'immagine e, volendo, di renderla più grande. Prova a farlo subito. Prendi in considerazione l'immagine che hai visualizzato poco fa, che si trova a quella data distanza da te, ha determinati colori, è in quella posizione, con quelle dimensioni, e prova a ingrandirla. Ingrandiscila sempre più, fa che diventi grande, smisurata, immensa.

Per alcune persone, non per tutte e non per forza, questo rende più emozionante l'immagine, aumenta l'intensità del proprio stato emotivo sino a raggiungere il peak state. Se l'immagine che hai preso è positiva, come ti avevo chiesto all'inizio, aumenteranno le sensazioni positive, anche se questo avviene in modo diverso per ciascuno di noi. Infatti può accadere che per qualcuno un'immagine troppo ingrandita perda di realismo, sembri meno vera e che quindi l'emozione non cresca. Non è automatico, quindi, che un'immagine ingrandita faccia sentire meglio, anche se in molti libri si legge che, per aumentare l'intensità, bisogna aumentare le dimensioni dell'immagine. Non per forza, è una cosa comunque soggettiva. Questo non lo dicono in molti, quindi, se già conosci le submodalità, puoi imparare qualcosa in più. È molto importante che tu non ti focalizzi su dati teorici ma provi su te stesso, o, nel caso in cui lavori su altre persone perché sei un coach, che verifichi sempre tutto quello che sta succedendo, chiedendo ad esempio: «Se aumenti le dimensioni dell'immagine, il tuo stato d'animo migliora o peggiora?» Per rendere più concreto tutto quello di cui ti sto parlando, ti riporto una dimostrazione svolta in aula.

****

GIACOMO: A questo punto chiamerei una persona a fare una dimostrazione. Massimo? Bene, facciamogli un applauso! Allora, partiamo dalla distanza. A quale distanza visualizzi l'immagine?

MASSIMO: È a campo visivo intero.

GIACOMO: È a campo visivo intero. Quindi ci sei dentro? Sei in associato o in dissociato?

MASSIMO: No, in dissociato.

GIACOMO: In dissociato, quindi la vedi comunque dall'esterno. Però a che distanza ce l'hai? Vicinissima, incollata agli occhi?

MASSIMO: Praticamente sì: mi ricopre tutto il campo visivo.

GIACOMO: Quindi è praticamente incollata ai tuoi occhi. E la tua intensità emozionale è forte quando pensi a questa immagine?

MASSIMO: Sì.

GIACOMO: Se dovessi darle un voto da uno a dieci?

MASSIMO: Le darei dieci.

GIACOMO: Dieci, bene. Ora prova ad allontanare da te questa immagine. Nel farlo, come cambia la tua intensità emozionale?

MASSIMO: È inferiore, va diminuendo.

GIACOMO: È inferiore, bene. Da ciò che ha detto Massimo, comprendiamo che la distanza, minore o maggiore, dall'immagine che ha visualizzato influenza il suo stato d'animo, la sua carica emozionale rispetto ad essa; il contenuto non mi interessa. Se allontana l'immagine, per lui, come per la maggior parte delle persone, la carica emozionale diminuisce. Analizziamo le submodalità una alla volta: partiamo dalla dimensione. Riportala alla distanza che aveva inizialmente, al momento in cui era incollata a te, ai tuoi occhi. Per ora varia solo la sua dimensione. Quindi, da campo visivo infinito, rendila sempre più piccola, riducila a un formato 10×15, poi ancora più piccola. A questo punto, come la percepisci?

MASSIMO: Insipida.

GIACOMO: Insipida. Carica emozionale relativa?

MASSIMO: Due.

GIACOMO: Due? È crollata! Ci sono delle submodalità che vengono definite "critiche", perché influiscono più di altre sull'emotività. Quando, poco fa, gli ho chiesto di distanziare l'immagine che dapprima visualizzava come incollata ai suoi occhi e di dirmi come cambiava la relativa intensità emozionale, mi ha risposto: «È inferiore, va diminuendo». Ciò vuol dire che, tutto sommato, la distanza più o meno pronunciata dall'immagine influenzava sì la carica emozionale ad essa collegata, ma nella maniera standard. La dimensione maggiore o minore dell'immagine, invece, sembra influenzarlo molto di più, tanto da far passare da dieci a due la sua intensità emotiva. Inizialmente visualizzava un'immagine enorme, e già il fatto che lo fosse era per lui importante. L'ha poi resa piccola, minima e corrispondentemente è divenuta ai suoi occhi "insipida", ovvero non ha più senso per lui, non gli dice più nulla, tanto che la carica emotiva scende da dieci a due. Ora riportala a grandezza normale. Questa immagine è fissa o in movimento?

MASSIMO: È fissa.

GIACOMO: È fissa. Ora immagina che sia composta da vari fotogrammi legati fra loro a formare un filmato che scorre, nel quale vedi te stesso fare delle cose, stare bene; la tua intensità emotiva aumenta oppure diminuisce?

MASSIMO: Direi che aumenta, perché comunque l'emozione aumenta.

GIACOMO: Anche questa reazione rientra nello standard; infatti, normalmente, quando prendi un'immagine fissa e la trasformi in un filmato aumenta l'intensità emozionale, perché è più vera, più realistica. La vedi di più, la senti di più.

Bene, parliamo della luminosità. Dai luce a questa immagine, aumentane la luminosità. Immagina di possedere una manopola che ti permetta di regolare l'intensità della luce sulla tua immagine. Quindi gira la manopola e rendila più luminosa. L'intensità emotiva, a questo punto, è maggiore o minore?

MASSIMO: Simile, perché se da un lato l'idea di illuminarla mi piace, dall'altro invece mi inquieta. Non so perché.

GIACOMO: Quindi ci potrebbe essere troppa luce sulla tua immagine?

MASSIMO: Sì.

GIACOMO: Allora riportala al giusto grado di luminosità. Non so quale sia per te, magari poco più della luminosità che la tua immagine aveva originariamente, quel pizzico in più che sia sufficiente a far salire la tua intensità emozionale da dieci a dieci più. Il fattore luminosità deve essere il più giusto, il tuo cervello sa portare l'immagine a quel livello. Ora che hai regolato la luminosità, va meglio?

MASSIMO: Sì.

GIACOMO: E la tua immagine è o non è leggermente più luminosa di prima?

MASSIMO: Mah, c'è qualche particolare che è più luminoso.

GIACOMO: Vuoi aggiungere delle lucine?

MASSIMO (*ridendo*): No, no, ce ne sono già a sufficienza.

GIACOMO: Ce ne sono a sufficienza. Bene, ora riportala alla condizione iniziale. La tua immagine è a colori o in bianco e nero?

MASSIMO: È a colori.

GIACOMO: A colori. Ora prova a rendere più vividi questi colori, più intensi, più accesi. Com'è l'immagine, è migliore?

MASSIMO: Sì, sì, migliore.

GIACOMO: Migliore. Anche in questo caso, rientriamo nello standard: se aumentiamo l'intensità dei colori, l'intensità emotiva aumenta. Bene. Di quanto aumenta? Tanto o poco?

MASSIMO: Abbastanza.

GIACOMO: Abbastanza, per cui può essere una submodalità importante per lui. Sei ancora in dissociato, confermi?

MASSIMO: Sì, confermo.

GIACOMO: Confermi, bene. Ora prova ad associarti. Entra dentro la tua immagine, vivila in prima persona, guarda dai tuoi occhi, senti tutte le sensazioni. Com'è?

MASSIMO: Bello.

GIACOMO: Bello. Migliore o peggiore?

MASSIMO: Migliore.

GIACOMO: Quanto migliore?

MASSIMO: Abbastanza!

GIACOMO: Abbastanza. Entrare in associato, piuttosto che visualizzare una situazione in dissociato, è una submodalità importante per molte persone. Il livello emotivo cambia, perché una cosa è trovarsi fuori dall'immagine, al riparo dalle emozioni che sono a debita distanza, e una cosa ben diversa è entrare nell'immagine e rivivere la situazione, investito dalle emozioni ad essa relative. Ora riporta l'immagine alla condizione iniziale. È nitida o sfocata? Se è già nitida rendila ancor più nitida. Se è già nitida al massimo, va bene così. Ora prova a sfocarla. Sfocala ancora di più: come ti pare? Massimo ha perso il sorriso: evidentemente non è bella. Torna all'immagine iniziale e parliamo della sua "posizione". Dov'è questa immagine?

MASSIMO: Di fronte a me.

GIACOMO: Di fronte a te. Poi mi hai già detto che è a tutto campo, quindi ce l'hai di fronte ma anche su tutta la visuale. Bene. Ora prova a spostarla dietro le tue spalle, come la senti?

MASSIMO: Non la vedo più.

GIACOMO: Non la vedi più, giustamente: sta dietro! Riportala davanti che è meglio, anche per farti riacquistare il bel sorriso che avevi. Abbiamo detto che questa immagine è già vicina ed è già molto grande. Ora movimentala, rendila di nuovo un filmato, rendi i colori ancor più vividi, intensificali al massimo ed entra in associato: sei tu il protagonista del film! Entra nel tuo film, associati al film, vivilo in prima persona, avverti le sensazioni che ti esplodono dentro. Questa è la tua nuova immagine. Ti pare carina?

MASSIMO: Bella!

GIACOMO: Rimani qua perché non è finita. Era già bella e adesso com'è?

MASSIMO: Migliore.

GIACOMO: Se dovessi darle un voto?

MASSIMO: Le darei dodici.

GIACOMO: Dodici, benissimo! Intanto facciamogli un applauso per questa prima parte; questo è il lavoro che possiamo fare sulle emozioni già positive. Questo sì che è un peak state! Prendete immagini, ricordi belli che avete e rendeteli fantastici, rendeteli straordinari. Potete farlo. È quello che Bandler vuole, dice: «Prendeteli e fateli esplodere!» Avete visto come le sue espressioni facciali, la sua respirazione, cambiavano ad ogni cambio di submodalità? Ci sono state alcune submodalità più importanti: sicuramente associarsi, sicuramente il film. Che altro, secondo te, è degno di nota?

MASSIMO: Mah, forse la nitidezza. Comunque l'immagine era già nitida.

GIACOMO: Era già nitida. Comunque abbiamo visto che rendendola troppo luminosa, Massimo perdeva intensità emotiva.

MASSIMO: Poi direi anche la posizione…

GIACOMO: La posizione, bene. Avete visto che alcune cose, se invertite, facevano sparire, sfocare l'immagine e non sentiva più emozioni. Immaginate di fare questo per le immagini negative: è altrettanto interessante. Allora, prendi ora un ricordo, non dico negativo, però neutro che non ti piace un granché, che vorresti migliorare o del quale vorresti infischiartene.

MASSIMO: Bene, sì, ce l'ho.

GIACOMO: Ce l'hai ben presente in mente? Vediamo di nuovo una a una le varie submodalità, come prima. Partiamo dalla distanza: dove ce l'hai questa immagine?

MASSIMO: Qui davanti al viso, più o meno a trenta centimetri.

GIACOMO: Bene, prova ad allontanarla, allontanala ancora e continua ad allontanarla per metri e metri di distanza. Alla fine vedi solo un puntino, com'è? Quale intensità ha?

MASSIMO: Non c'è più.

GIACOMO: Non c'è più. Da uno a dieci o da zero a dieci?

MASSIMO: Tra uno e due.

GIACOMO: Quant'era inizialmente?

MASSIMO: Era sei.

GIACOMO: Bene, siamo passati da sei a due con una sola submodalità: quella della distanza. Riporta la tua immagine dov'era, quindi all'altezza originaria, e passiamo a variare la seconda submodalità: la dimensione. È grande o piccola?

MASSIMO (*Mimando con le mani una grandezza media*): Così, più o meno.

GIACOMO: Bene, rendila ancor più piccola. Riducila sino a farla diventare un puntino, vicino a te, ma un puntino. Com'è l'intensità?

MASSIMO: Non cambia di molto, è più o meno come prima. Sì, perché ce l'ho abbastanza vicina, la vedo bene.

GIACOMO: Quindi sempre sei?

MASSIMO: Cinque… più o meno. Non la vedo nei particolari, ma la vedo.

GIACOMO: La vedi. Mi sembra chiaro che, in questo caso, la submodalità della distanza è per lui più importante della dimensione. Fondamentale è fare attenzione alle singole submodalità per capire quali sono quelle critiche. Proviamo a fare una cosa, il contrario di quello che hai fatto poco fa, aumenta la dimensione: è brutta?

MASSIMO: No…

GIACOMO: No. Della dimensione non gliene importa nulla.

MASSIMO: È più divertente…

GIACOMO: È divertente addirittura! Interessante che sia divertente. Bene, facciamo una prova con la "distanza". Porta l'immagine più vicina a te, sempre più vicina. È brutta?

MASSIMO: A schermo intero anche questa?

GIACOMO: Sì, a schermo intero.

MASSIMO: Direi che, sì, praticamente è come prima.

GIACOMO: Da uno a dieci?

MASSIMO: Mah, direi sette, perché è una situazione neutra, non mi emoziona particolarmente.

GIACOMO: L'emozione non è fortissima; però, avvicinandoti, è aumentata. Avvicinando l'immagine a te, l'intensità è leggermente aumentata. Ora riportala dov'era. Ora dimmi: è fissa o in movimento?

MASSIMO: È in movimento.

GIACOMO: È in movimento? Bloccala!

MASSIMO: Sì.

GIACOMO: È peggiore o migliore di prima?

MASSIMO: No, è statica. L'intensità che mi trasmette è tra il quattro e il cinque.

GIACOMO: Quindi, un po' migliora, ma non fa la differenza, come abbiamo visto per la distanza. Luminosità: è luminosa o no?

MASSIMO: Era buio, quindi non posso valutarlo.

GIACOMO: Prova a metterci un po' di luce. Com'è?

MASSIMO: Migliore.

GIACOMO: È migliore. In realtà la luminosità aumenta l'intensità, ma poiché la situazione gli dà fastidio, forse perché è buia, darle un po' di luce va bene. È a colori o in bianco e nero?

MASSIMO: A colori.

GIACOMO: A colori. Prova a rendere i colori un po' più pallidi. Guarda come, pian piano, tutti si avvicinano al grigio, fino a divenire in bianco e nero.

MASSIMO: Bruttissimo.

GIACOMO: Bruttissimo. E l'intensità è alta o bassa?

MASSIMO: L'intensità è sempre la stessa, cambia il sentimento.

GIACOMO: Cambia il sentimento. Sei associato o dissociato?

MASSIMO: Sono dissociato anche in questo caso.

GIACOMO: Sei dissociato. Se ti associ? Prova ad associarti in questa situazione che non ti piace molto.

MASSIMO: Va meglio.

GIACOMO: Va meglio? In che senso?

MASSIMO: Nel senso che la vivo di più, non è neutra, mi trasmette una sensazione meno neutra.

GIACOMO: Che da neutra diventa positiva?

MASSIMO: Essendo in dissociato, la situazione mi appare normale e neutra. Voglio dire che in dissociato, comunque, aumenta il fattore neutro, l'emotività è meno coinvolta, mi spiego? In associato, viceversa, la tensione aumenta, perché vivo la situazione.

GIACOMO: La vivi di più se ti associ, è ovvio. Quindi, poiché noi vogliamo neutralizzarla, essendo un'emozione negativa, conviene dissociarsi in modo da lasciarla neutra. Tu hai scelto un'immagine con una carica emozionale non troppo intensa, già di partenza era un sei, no?

MASSIMO: Sì, non ho preso un'immagine totalmente negativa.

GIACOMO: È nitida?

MASSIMO: È come se lasciasse una scia, in coda alla mia immagine.

GIACOMO: Non giudicate le submodalità degli altri: la sua immagine ha questa scia, va bene così. E se la rendi più nitida, che succede?

MASSIMO: Se la rendo più nitida mi dà un senso di maggiore razionalità, di maggiore lucidità.

GIACOMO: E ti dà fastidio o meno fastidio?

MASSIMO: Non saprei. Da un lato mi fa piacere che sia più lucida, dall'altro invece mi infastidisce un po', perché comunque mi dà l'idea di una cosa troppo razionale. Ossia, mi trasmette una sensazione di maggiore razionalità.

GIACOMO: Bene. Quindi le tue sensazioni si muovono. Ora non è importante sapere come si muovono, mi basta sapere che si muovono. Quello che voglio trasmettervi è che variando le submodalità si muove qualcosa a livello di stato d'animo, di sensazioni. Poi bisognerebbe approfondire per meglio comprendere il perché del conflitto di queste due sensazioni separate. Comunque finora l'unica submodalità veramente efficace rimane quella della distanza. La posizione: dov'è la tua immagine rispetto a te? Hai detto davanti al viso. Prova ad allontanarla un po'. La vedi bene?

MASSIMO: Con la coda dell'occhio.

GIACOMO: Con la coda dell'occhio. Prova a portarla dietro di te.

MASSIMO: Se fosse dietro la vedrei specchiata, riflessa.

GIACOMO: Riflessa. Vedete che, tra l'altro, la sua reazione è diversa rispetto all'esercizio che abbiamo fatto prima con l'immagine positiva, quando, mettendola dietro di sé, non la vedeva assolutamente più. Ecco cosa intendo quando vi parlo della soggettività delle persone. Per questo è importante fare pratica ed esercizi, per capire esattamente come funziona il proprio cervello, come abbia appreso questo sistema. Allora, Massimo, torna all'immagine iniziale e semplicemente allontanala tanto, tanto, tanto finché non diventa un puntino, un puntino scuro, lontano, piccolino, che non ti fa sentire più emozioni. Intensità emozionale da uno a dieci?

MASSIMO: Zero!

GIACOMO: Zero. Benissimo, facciamogli un applauso!

****

Quando leggi una dimostrazione esegui anche tu l'esercizio per verificare come sia possibile prendere un'immagine e modificarla; per ora abbiamo parlato solo della modalità visiva, ci sono ancora tante altre submodalità che ti possono venire in mente, che per te possono essere importanti. Per esempio, nella dimostrazione che hai appena letto, Massimo visualizzava una scia, che non è tra le submodalità standard; ma per lui c'era, accettiamolo. Quindi ognuno può modificare le proprie immagini mentali con questi parametri. Il cervello funziona così? Bene, usiamolo per vivere al massimo le nostre esperienze positive, e per migliorarle e per diminuire quelle negative. Ora possiamo farlo, perché abbiamo il controllo di queste cose; finché non c'è stato qualcuno che ha studiato esattamente come funzionano i ricordi, le memorie, l'apprendimento del cervello, non sarebbe stato possibile.

SEGRETO n. 26: ognuno può modificare le proprie immagini mentali per migliorare il proprio stato d'animo e vivere meglio, arricchendo le proprie esperienze positive e minimizzando le negative.

Addirittura c'è una parte di PNL che si occupa di **time-line**, linea del tempo, una strategia che sfrutta il modo in cui il cervello cataloga gli eventi temporali. Visualizza una linea immaginaria sulla quale individuare gli eventi del tuo passato, del tuo presente e del tuo futuro. Ad esempio, hai mai sentito dire: «Voglio buttarmi il passato alle spalle»? Questa espressione deriva dal fatto che chi la usa individua effettivamente il passato alle proprie spalle. La submodalità "posizione" può determinare anche l'età di un ricordo. Quindi, se ti dico: «Pensa a un ricordo di dieci anni fa», magari l'immagine potrebbe avere come posizione un punto molto lontano dietro la persona, oppure essere alla sua destra o alla sua sinistra, non c'è una posizione fissa.

Sicuramente chi ti dice: «Mi sono buttato il passato alle spalle» avrà l'immagine dietro di sé. Così come, parlando di futuro, si tende a visualizzare l'immagine davanti a sé. Varia la distanza, come di solito accade quando svolgo, in aula con i miei studenti, l'esercizio sugli obiettivi. La time-line è solo uno dei modi di usare le submodalità, di usare il cervello secondo il suo funzionamento, scoperto da chi lo ha studiato. Sulla linea del tempo il passato è da una parte, il futuro dall'altra, il presente è qui, ma puoi scegliere se essere in associato o in dissociato. Puoi andare nel passato a rivedere un ricordo standotene fuori, in dissociato, così da non farti prendere dalle emozioni; oppure, come faccio fare nel corso sugli obiettivi, andare verso il futuro e associarti all'obiettivo per sentire tutta l'emozione della sua realizzazione.

Nel corso che ho tenuto per dei medici si parlava proprio dell'utilizzo terapeutico della PNL, che può servire per curare problemi e traumi del passato, per guarirli. Ma, ovviamente, queste sono tecniche che si insegnano solo ai medici, gli unici autorizzati a usarle sui pazienti, mentre in generale la PNL e il coaching si occupano, come ho detto all'inizio, di obiettivi per il futuro di persone sane che vogliono stare meglio. Puoi imparare quindi a gestire il tuo stato emotivo, migliorando ancor più emozioni già belle, così da potenziare lo stato di benessere ad esse collegato, così come puoi riuscire a neutralizzare le emozioni negative che magari ti hanno dato fastidio nel passato e che ti potrebbero creare problemi nel futuro.

Concentrati più sulla ricerca del piacere piuttosto che semplicemente sull'annullamento o la neutralizzazione del dolore. Il piacere, infatti, è qualcosa che rende la tua vita di qualità, ed è un aspetto invece troppo spesso trascurato. Siamo troppo impegnati a dire: «Speriamo che questa cosa non vada male», cioè troppo concentrati su ciò che può andare storto e su come evitarlo, per poter dire: «Voglio che questa cosa vada veramente bene, meravigliosamente bene, voglio che sia straordinaria». Una persona che ha partecipato a uno dei miei corsi mi ha dato una testimonianza bellissima di come sia riuscita a creare sensazioni nuove, molto più belle e ricche di emozioni con dei mezzi veramente semplici come le submodalità, risolvendo una situazione che la faceva vivere in modo stressato.

SEGRETO n. 27: la strategia della time-line è utile per individuare, su di una linea immaginaria, eventi della tua vita

presente, passata e futura. Sfruttala per gestire al meglio il tuo stato emotivo.

A proposito delle submodalità, esistono aneddoti piuttosto divertenti raccontati da Bandler. All'inizio lui le usava soprattutto in campo terapeutico. In un video lo si può vedere, ad esempio, alle prese con un certo Andy che da quattordici anni soffriva di schizofrenia. Questa persona aveva delle visioni particolari e si era rivolto ad ogni genere di specialisti, medici, psicologi, psichiatri, psicoterapeuti, senza trarne alcun beneficio. Quando incontrò Bandler, che non era ancora famoso, ma del quale aveva voluto leggere le prime pubblicazioni, si rivolse a lui dicendo: «Ah, tu sei il famoso Bandler, mi aspetto tanto da te», cosa che lo mise quasi in difficoltà. Quando Bandler gli chiese quale fosse il suo problema, Andy, guardando in una direzione precisa, gli rispose: «Vedo delle cose che non sono reali». Bandler gli chiese allora come facesse a sapere che non erano reali e Andy replicò: «Non saprei, lo so e basta, le vedo». In realtà con questa domanda riuscì a sbloccarlo. Bandler aveva capito infatti che per dire: «Vedo delle cose che non sono reali», Andy, nella sua testa, doveva aver già trovato una strategia per distinguere ciò che era reale da ciò che non lo era.

Inoltre, dal movimento degli occhi di Andy, Bandler aveva notato dove posizionava l'immagine. Questa fu solo la prima di una serie di submodalità che riuscì a scoprire: tutto ciò che non era reale aveva una certa submodalità. A quel punto poté estrarre la strategia con cui Andy definiva ciò che per lui non era reale, confrontarla con la strategia con la quale individuava ciò che per lui era reale e dire ad Andy: «Sai, non è difficile distinguere ciò che è reale da ciò che non lo è. Tu sai che quando una cosa è inventata dalla tua mente si trova qui e ha queste caratteristiche». Bandler non ha risolto la schizofrenia, non è neanche risalito alla sua causa, ma ha dato ad Andy una strategia per vivere bene.

In questo modo gli ha permesso di condurre una vita decente, cioè di non spaventarsi più di fronte alle immagini che si creava. Quindi è andato al di là dello studio scientifico del problema, che inoltre era competenza dei medici. Il suo intervento non è stato sostitutivo ma parallelo rispetto alla terapia e ha permesso ad Andy di vivere più serenamente, imparando a distinguere ciò che sicuramente non era reale da ciò che sicuramente lo era. Tutto ciò solo verificando quali fossero per lui le submodalità di ciò che era vero e confrontandole con le submodalità di ciò che non lo era.

Lo stesso Milton Erickson, che è uno dei più grandi ipnoterapeuti del Novecento, da cui Bandler e Grinder hanno preso molti modelli linguistici, aveva agito in modo analogo. Un'altra persona affetta da schizofrenia si era rivolta a lui, anche se in certi libri questo episodio è riferito a Bandler, per un problema analogo a quello di Andy, ovvero la difficoltà a capire la differenza tra reale e non reale. Erickson gli disse: «Intorno a ciò che è reale metti una cornice azzurra; ossia, prendi quell'immagine e creale attorno una cornice di colore azzurro. Quando invece ti rendi conto che stai creando un'immagine di fantasia, pensa che abbia una cornice nera e memorizzala. In questo modo, quando richiamerai un'immagine, ti basterà osservarne la cornice perché tu possa distinguere se è vera o falsa». Questi piccoli stratagemmi assecondano il modo di funzionare del cervello e di fatto funzionano. Ma tutto ciò riguarda ancora solo la parte visiva.

SEGRETO n. 28: scoprire le submodalità di chi ti parla, in questo caso le visive, ti può aiutare a offrirgli una strategia per raggiungere un migliore stato emotivo.

RIEPILOGO DEL GIORNO 5:

- SEGRETO n. 24: le submodalità sono le specifiche, le quantità di ingredienti visivo, auditivo e cinestesico che ti servono per costruire la tua "torta", ovvero per migliorare il tuo stato emozionale.

- SEGRETO n. 25: le submodalità visive sono le più immediate, le più facili da comprendere, poiché riguardano le immagini che creiamo nella nostra mente.

- SEGRETO n. 26: ognuno può modificare le proprie immagini mentali per migliorare il proprio stato d'animo e vivere meglio, arricchendo le proprie esperienze positive e minimizzando le negative.

- SEGRETO n. 27: la strategia della time-line è utile per individuare, su di una linea immaginaria, eventi della tua vita presente, passata e futura. Sfruttala per gestire al meglio il tuo stato emotivo.

- SEGRETO n. 28: scoprire le submodalità di chi ti parla, in questo caso le visive, ti può aiutare a offrirgli una strategia per raggiungere un migliore stato emotivo.

GIORNO 6:

Submodalità Auditive e Cinestesiche

Le submodalità auditive riguardano tutti i suoni che puoi sentire nella mente, i rumori, le voci interiori, il tuo dialogo interiore e le voci che provengono da altre persone nei tuoi ricordi. Come puoi leggere nella tabella seguente, esse sono: **tono, volume, velocità, provenienza, ritmo, direzione, contenuto.**

SUBMODALITÀ:	DOMANDE DI SPECIFICA SULLA VOCE INTERIORE:
TONO	È una voce profonda? È divertente? È sexy?
VOLUME	È alto o altissimo tanto da essere insopportabile? Oppure è basso, o bassissimo quasi da non sentirsi?
VELOCITÀ	È veloce o velocissima? Media? Lenta? Molto rallentata?
PROVENIENZA	Da dove la senti provenire? È dietro di te? Di fronte a te? Di lato?
RITMO	È cadenzato o meno? È sostenuto o lento?
DIREZIONE	È vicina o lontana da te?
CONTENUTO	Ti dice cose positive o negative?

Puoi avere un ricordo molto motivante con una musica di sottofondo fantastica. A me capita di avere in mente una musica che mi dà energia, mi dà carica. Lo stesso Bandler, durante un suo corso, ogni volta che qualcuno saliva sul palco per fare una prova di public speaking, metteva una musica molto motivante, molto energizzante. E, contemporaneamente, dava all'allievo di turno queste suggestioni: «Lascia che questa musica ti entri nel cervello, tanto che ogni volta che risuonerà dentro di te ti ancorerai alla sicurezza, al successo, al fatto di stare bene mentre parli in pubblico».

Così facendo Bandler creava nei suoi allievi un'altra neuro-associazione tra il parlare in pubblico e lo stare bene, il raggiungere uno stato emotivo ottimale: «Lascia che risuoni dentro». Anche tu, nella tua testa puoi suonare la musica che vuoi, creare gli ancoraggi e le associazioni che vuoi.

Sei tu il regista anche dell'audio. Immagina di avere un pannello di controllo: alzi il volume, lo abbassi, cambi il tono, la provenienza. Magari senti una vocina che ti arriva da dietro, che ti dà un fastidio tremendo. Che succede se la prendi, la sposti e la metti davanti, o se la allontani? Ti dà ugualmente fastidio?

SEGRETO n. 29: le submodalità auditive riguardano i suoni che senti, il tuo dialogo interiore e le voci interiori che appartengono ad altre persone nei tuoi ricordi.

Molte persone hanno un dialogo interiore che le assilla, le scoraggia, e i problemi di autostima che hanno derivano soprattutto da questo: «No, tu non ce la puoi fare. No, non potrai mai essere un trainer. No, non puoi fare questo. Tu non sei così. Tu sei fatto così» e così via. Ma per qualcun altro il dialogo interiore può essere molto positivo e incoraggiante: «Sì, sei un grande, ce la fai. Vai tranquillo. Non puoi fallire, vai!» Grazie ad esso potrà arrivare a raggiungere uno stato emotivo ottimale, il peak state, che lo porterà ad essere più determinato nel raggiungere l'obiettivo.

Cambia anche il tono di voce di questo dialogo interiore. Se in una qualsiasi situazione, professionale o personale, ti presenti dicendo a te stesso: «Oddio, speriamo che vada tutto bene. Spero di farcela. Sì? Non saprei», questo tipo di dialogo interiore ti farà star male. Di conseguenza i tuoi comportamenti e la tua fisiologia saranno incongruenti con il raggiungimento del tuo obiettivo. Ma se dentro di te dirai: «Sono il migliore, sono qui per trasmettervi cose importantissime che cambieranno la vostra vita», sicuramente trasmetterai al tuo pubblico più di quanto farebbe una persona che ha un dialogo interiore scarso e poco motivante. Non basterà solo la tua fiducia in te stesso. Qui parliamo, come sempre, di mille strategie, di mille piccole cose che, sommate, fanno una grande differenza.

SEGRETO n. 30: non farti assillare dal tuo dialogo interiore; usalo per motivarti e fa' sì che diventi uno strumento per migliorare il tuo stato emozionale.

Anche riguardo al dialogo interiore ti riporto la trascrizione di una dimostrazione fatta in aula.

****

GIACOMO: Ho bisogno di una persona. Alessia, vuoi venire a fare l'esercizio? Perfetto. Intanto che Alessia si avvicina, facciamole un applauso, così da elevare la sua autostima, aumentarne la motivazione. Ti capita mai di avere un momento in cui sei un po' scoraggiata perché hai un dialogo interiore che in qualche modo ti limita?

ALESSIA: Sì, certo.

GIACOMO: Bene, parliamo della "voce" del tuo dialogo interiore. Come sempre, non ci interessa "cosa" ti dice. Analizziamone, invece, le submodalità una a una. Dimmi, che "tono" ha?

ALESSIA: Subdolo.

GIACOMO: Subdolo? Dire che un tono è "subdolo" è un po' un'interpretazione…

ALESSIA: È basso. Basso e molto scandito. Inoltre non è veloce. Anzi, è talmente lento che non riesco a comprendere perfettamente ciò che mi dice.

GIACOMO: È basso, scandito, un po' come la tua voce adesso, che non si sente…

ALESSIA: Aumenterò il volume…

GIACOMO: No, va bene. Basso e scandito. Il "volume", quindi, è basso. Mi hai risposto anche per quanto riguarda la "velocità": mi hai detto che è lento. Ora dimmi, da dove proviene questa voce?

ALESSIA: Dalla parte sinistra.

GIACOMO: Dalla parte sinistra. Riusciresti a indicarmi il punto?

ALESSIA: Da qua. (*Indicando con la mano un punto a sinistra del viso*)

GIACOMO: Proprio da sinistra quindi, non da dietro ma da sinistra. Bene, questa è la "provenienza". Passiamo al "ritmo", ha un ritmo particolare?

ALESSIA: Molto calmo.

GIACOMO: Molto calmo. Si muove, la voce? Ha una "direzione"? Viene da lontano o da vicino?

ALESSIA: È vicina.

GIACOMO: È vicina, ferma, che ti parla da lì.

ALESSIA: Sì.

GIACOMO: Il "contenuto", può essere importante o può non esserlo, quello lo sai tu, non c'è bisogno che tu ce lo dica. Il contenuto, talvolta, può essere importante.

ALESSIA: Be', è importante.

GIACOMO: È importante.

ALESSIA: In certe situazioni, sì.

GIACOMO: In certe situazioni, sì. Adesso vediamo se, cambiando la forma, cambia anche la risposta emotiva a questo dialogo interiore. Prova: vediamo che succede ad alzare il volume, ad esempio. Alza il volume di questa voce. È più fastidiosa o meno?

ALESSIA: Sì, mi infastidisce.

GIACOMO: È più fastidiosa. Ora abbassa di nuovo il volume, regolalo talmente basso che si senta a malapena.

ALESSIA: Preferisco.

GIACOMO: Preferisci. Quasi cerca di parlare ma non ci riesce, è talmente bassa che non la sente nessuno. Bene, abbassare il volume può essere una submodalità importante. Però adesso riportalo a com'era all'inizio, perché dobbiamo fare degli esperimenti. Prova a cambiare il tono di voce. Hai detto che è subdolo, giusto? Allora immagina che sia una voce sexy. (*Alessia sorride divertita*) Comincia a piacerti, eh? No, non la so fare e non la voglio imitare perché è sufficiente che ce l'abbia in mente tu.

ALESSIA: Be', ma l'ho interpretata!

GIACOMO: Immagina che a parlarti sia la voce di Richard Gere o di qualche altro attore che ti piace particolarmente.

ALESSIA: Eh, ma allora che subdolo è? E infatti non è più subdolo.

GIACOMO: Esatto, cambia, nonostante il contenuto sia sempre lo stesso.

ALESSIA: È lo stesso, sì.

GIACOMO: È lo stesso; però, se cambi il tono, cambia la tua risposta?

ALESSIA: Esattamente, sì.

GIACOMO: Sì, si è messa a ridere non appena ho detto: «Immagina che sia una voce sexy». Facciamo un'altra cosa: metti invece che sia una voce sciocca tipo Paperino, che ti dice:

«Quack, quack… tu sei fatta così…» (*imitando la voce di Paperino*).

ALESSIA: Mi fa sentire ridicola.

GIACOMO: Ridicola, quindi una risposta emotiva diversa. Hai il sorriso stampato in faccia, eh? Funzionano, queste cose. Proviamo a cambiare provenienza; non da sinistra ma da quaggiù. Come la percepisci ora?

ALESSIA: È più complicato, non riesco a sentirla.

GIACOMO: Non riesci a sentirla; però ti dà fastidio o no?

ALESSIA: È indifferente, non riesco proprio a individuarla.

GIACOMO: È indifferente. Basta cambiare un po' la provenienza e già non è più la stessa cosa, non è più la stessa voce. Bene. Vuoi provare a cambiare il contenuto? Vediamo che succede? Prova a cambiare e a dire: «Va be', tutto sommato non sei così male». Cambia?

ALESSIA: Sì.

GIACOMO: Cambia anche il contenuto in questo caso. Potete lavorare sia sulla forma sia sul contenuto, ma è molto importante concentrarsi sulla forma. Molte persone, infatti, non riescono assolutamente a sbloccarsi, non concepiscono l'idea di poter cambiare o modificare il proprio dialogo interiore. Quindi si limitano ad accettarlo o, al massimo, si chiedono: «Ma di chi sarà questa voce? Forse era di mio padre o di mia madre, è un ricordo di quando, da piccolo, mi sgridavano». Ad ogni modo, a noi non interessa sapere a chi appartenga la voce che sentiamo.

ALESSIA: Sì, infatti la voce che sento non è una voce femminile, è maschile.

GIACOMO: Quindi sicuramente non è tua, credo…

ALESSIA: Ma sta lì, eh…

GIACOMO: Ma sta lì, e se è sexy, anzi, ti piace pure, perché è maschile.

ALESSIA: Sì, certo.

GIACOMO: Ma anche quella di Paperino, eh…

ALESSIA: Ora posso dire che mi piace, anche se il contenuto è negativo, perché non la temo.

GIACOMO: Non la temi.

ALESSIA: No.

GIACOMO: È già cambiata la risposta, e non le ho neanche detto di mantenere le modifiche. Bene, ti senti diversa. Prova a farti dire le cose peggiori da questa voce: «Non ce la fai e non puoi farcela perché tu sei fatta così: non puoi cambiare».

ALESSIA: No, è lei che non ce la fa a dirmelo.

GIACOMO: Non ce la fa a dirtelo. Va bene: più risultati del previsto. Un applauso ad Alessia!

****

In particolare sottolineo il dialogo interno, perché è una delle cose più importanti, che influiscono di più sullo stato emotivo. Pensa, ad esempio, a cosa succederebbe se ogni volta che cerchi di raggiungere un obiettivo udissi sempre questa vocina che ti dice: «Sì, va be', prova. Ma non ti illudere, non ce la farai mai!», oppure: «Queste cose le sai già: perché dovresti impegnarti tanto? Non ascoltare, lascia stare. Non ce la farai. Per come sei, non puoi raggiungere l'obiettivo».

La voce che senti, come hai visto nell'esercizio, potrebbe anche non essere la tua, e la maggior parte delle volte è così. Non importa a chi appartenga: ciò che ci interessa fare è modificarne le submodalità, variarne le caratteristiche e far sì che ci faccia entrare in uno stato emotivo di picco, per rendere massimamente efficace il nostro rendimento in qualsiasi situazione.

Bandler racconta di aver lavorato con persone che avevano un dialogo interiore allucinante, che dava loro un gran fastidio. Uno dei casi più famosi riguarda uno schizofrenico di nome John. All'epoca Bandler aveva da poco teorizzato la PNL e si occupava soprattutto di terapia. Un giorno andò in un ospedale psichiatrico e disse: «Datemi i casi peggiori che ci sono»; uno di questi era, appunto, John. Egli diceva di sentire la voce del diavolo tutte le notti. Mentre i medici non facevano che ripetergli: «Tu sei pazzo!» e, non potendo fare altro, lo tenevano sotto farmaci, Bandler si comportò in maniera totalmente diversa. Gli chiese: «Voglio capire, spiegami questa voce cosa ti dice, da dove viene». E quest'uomo rispose: «Io sento la voce del diavolo che viene dalle prese». «Dalle prese? Va bene. Ci vediamo domani».

Bandler, che era pazzo più di lui, cosa fece? Fece in modo che John uscisse per qualche tempo; rimasto solo, mise nella stanza degli amplificatori ben nascosti nelle prese e li collegò a un microfono posto all'esterno. Poi, durante la notte, mentre John dormiva, andò al microfono e disse: «John, sono il diavolo, so che hai parlato di me e hai detto che vengo a trovarti durante la notte: guarda che vengo davvero! Sarà molto meglio per te se da domani non mi nomini più, altrimenti saranno guai!»

Il giorno dopo Bandler tornò e chiese: «Allora, stanotte è venuto il diavolo? Cosa ti ha detto?» «Il diavolo? Ma no, in realtà non ho sentito nulla. Io non sono pazzo!» Cosa era successo? Bandler era entrato nella sua realtà, nel suo mondo, dicendo: «Bene, anche per me quella voce è vera; te la rendo ancora più vera, vedrai!» Ha modificato la sua percezione, in questo caso ne ha cambiato i contenuti, e ha fatto spaventare a tal punto John da fargli superare il problema.

Bandler ha studiato e modellato anche i grandi musicisti. A quanto pare, artisti come Mozart e Beethoven avevano un dialogo interiore e una serie di rappresentazioni interne, legate ovviamente alla parte auditiva, precisissime e dettagliatissime. Erano in grado di comporre intere melodie direttamente nella loro testa al punto che quando Beethoven divenne totalmente sordo poté continuare a comporre. Se le canticchiavano interiormente e poi, semplicemente, le trascrivevano sullo spartito, senza bisogno di provarle al pianoforte.

In generale, anche tu puoi utilizzare il tuo dialogo interiore, anche modificandolo, nella maniera più potenziante possibile. Utilizza ogni risorsa in tuo possesso per raggiungere uno stato emotivo migliore.

Bandler dice: «Pensate al dialogo interiore di Stephen King, non deve essere dei migliori; uno che sa cosa spaventa, perché è abituato a creare terrore, probabilmente vede paura dappertutto, perché quello è il suo modo di rappresentarsi la realtà».

L'altro giorno ho fatto una prova; c'era un film dell'orrore su Sky, ho azzerato il volume, l'ho reso muto. Ebbene, sai cos'è successo? Non ho provato niente: nessuna sensazione sgradevole, nessuno spavento. Elimina le musiche o i rumori improvvisi da un film dell'orrore e lo trasformerai in un film normalissimo, forse anche un po' comico! Le immagini del film, non supportate dalla colonna sonora, non generano alcuno stato emotivo di ansia e paura.

Un altro esempio. Se c'è una cosa che amo fare è seguire la Formula 1. Ci sono state occasioni in cui, a causa dello sciopero dei giornalisti, è mancato il commento. Ebbene, ti assicuro, e se sei un appassionato di Formula 1 lo sai anche tu, che guardare un Gran Premio senza il commento è di una tristezza spaventosa; se non ci fosse la classifica in sovrimpressione non si capirebbe neanche chi è arrivato per primo e chi per secondo. In una simile situazione non c'è alcun coinvolgimento, nessuna tensione emotiva. Quindi anche la parte auditiva ha una grandissima importanza.

SEGRETO n. 31: modifica le submodalità della voce interiore che senti, ti renderai conto che il tuo stato emotivo varierà di conseguenza.

Il terzo ingrediente sono le **submodalità cinestesiche,** che spesso in PNL vengono segnate con K, dalla parola inglese Kinestesic. Le modalità cinestesiche sono quelle che riguardano le sensazioni: quello che provi e dove lo provi.

Queste che ti elenco, e che trovi schematizzate nella tabella seguente, sono le submodalità cinestesiche standard: **posizione, movimento, temperatura, pressione, peso, densità, intensità, (colore).**

SUBMODALITÀ:	**DOMANDE DI SPECIFICA SULLA SENSAZIONE:**
POSIZIONE	Dove la avverti? A livello dello stomaco, del petto o altrove?
MOVIMENTO	È statica o si muove? Ruota? Salta da un punto all'altro? Si espande?
TEMPERATURA	È calda o addirittura caldissima? È fredda o, piuttosto, è tiepida?
PRESSIONE	Senti che ti spinge, che ti preme o è molto lieve?
PESO	È leggera o pesante?
DENSITÀ	È densa o sottile? È nebulosa, simile ad un gas? O è paragonabile a una scossa elettrica?
INTENSITÀ	È forte o debole?
(COLORE)	È tra parentesi perché, di regola, sarebbe una submodalità visiva. Tuttavia spesso le sensazioni sono associate a un colore. Quindi chiediti: Che colore ha?

Una domanda classica che faccio ai miei studenti riguarda ad esempio la **posizione**. Chiedo: «Se questa sensazione avesse una collocazione all'interno del tuo corpo, dove sarebbe?» È una domanda un po' strana, un po' articolata, ma è un modo ottimo per presupporre che ci sia una collocazione, per non mettere in difficoltà la persona.

Se chiedi a una persona: «Dove avverti questa sensazione? Ha una collocazione all'interno del tuo corpo? In che punto precisamente la senti?» questa potrebbe infastidirsi e replicare: «Ma in che senso? Cosa vuol dire? Come fa una sensazione ad avere una collocazione?» Non siamo abituati a ragionare per submodalità, anche se spesso le usiamo nel linguaggio. Mi è capitato che un allievo, nello svolgere un esercizio, mi dicesse: «La mia sensazione si è "sciolta"». È accaduto perché stava usando le submodalità, ma senza saperlo. Quindi è buona norma usare condizionali come: «Se "avesse" un colore, che colore "sarebbe"?», oppure «Se "avesse" una temperatura, che temperatura "avrebbe"?», senza fare troppi giochi di parole, perché con una domanda così si riesce ad andare oltre.

La posizione di una sensazione può essere, ad esempio, a livello dello stomaco: il famoso "peso sullo stomaco". Si può avvertire un dispiacere come una "fitta al cuore" e quindi un dolore localizzato all'altezza del petto, o come un crampo all'addome. Si dice, infatti, "uomo di pancia" riferendosi a una persona che si tiene tutto dentro e, alla fine, sta male. Spesso poi le sensazioni che avvertiamo nel corpo si traducono in veri e propri disturbi fisici. Quante volte sentiamo di persone che soffrono di disturbi digestivi palesemente legati allo stress o all'ansia? Quindi c'è un legame anche con il sistema immunitario.

Le sensazioni nella maggior parte dei casi si muovono. Spesso ruotano. Magari inizialmente le avverti a livello dello stomaco o del petto, se ti concentri, ti accorgi che non sono statiche ma in **movimento**. Vanno da una parte all'altra, si espandono; magari si traducono in un brivido che scorre. Essendo le sensazioni qualcosa di dinamico, in qualche modo possiamo immaginarne anche la **temperatura**. Se questa sensazione avesse una temperatura, che temperatura avrebbe? Sarebbe calda, fredda o tiepida?

La **pressione** è un'altra submodalità importante. Ci possono essere sensazioni che ti spingono, ti premono, che senti star lì per esplodere oppure che sono molto tranquille, leggere. Il **peso**, la sensazione può essere leggera o pesante; la **densità**, qualcuno potrebbe dirmi: «Mi sembra un gas, è nebulosa», oppure: «È una scossa elettrica» o, ancora: «È un macigno che ho qui sullo stomaco». Sono tutti modi di definire le sensazioni che avvertiamo. L'**intensità**: «È una sensazione forte», «È debole», «È molto intensa, mi sta dando un fastidio enorme»; possiamo anche misurarla da uno a dieci, come abbiamo fatto prima con le submodalità visive.

Il **colore**, nell'elenco che ho fatto all'inizio del Giorno, l'ho messo tra parentesi, perché di per sé il colore è una modalità visiva; in realtà, nella maggior parte dei casi, le sensazioni sono associate a un colore. Infatti posso chiederti: «Questa sensazione che colore avrebbe?»

SEGRETO n. 32: le submodalità cinestesiche riguardano le tue sensazioni, ovvero che tipo di sensazione avverti e "dove" la avverti all'interno del tuo corpo.

Se una persona soffre di mal di testa puoi provare a far sì che le passi cambiandone le submodalità. Ad esempio, se lo vede denso, pesante, molto largo e tutto rosso, puoi provare a suggerire di restringerlo un po' e farlo diventare blu; nella maggior parte dei casi il mal di testa scompare. Non è magia, e non è neanche una grandissima scoperta, questa delle submodalità. Molte volte sicuramente sarà capitato anche a te di dimenticare il tuo mal di testa perché eri preso in qualcosa, stavi facendo un'attività. Poi, non appena hai smesso, te ne sei ricordato: ma per un certo periodo lo hai escluso dalla tua parte conscia e ha smesso di infastidirti.

Modificando le submodalità, dunque, puoi ridefinire una sensazione negativa, percepirla in maniera diversa ed essere in grado di escluderla per una decina di minuti o per qualche ora. Quando usi queste tecniche devi però verificare che il sintomo non abbia una causa organica. Cioè, se hai mal di testa perché lavori troppo e tutti i giorni a quell'ora ti viene mal di testa perché stai esagerando con gli orari e dormi poco, non bastano le submodalità. Il malessere che avverti deriva dal fatto che il tuo corpo ti sta segnalando un intenso bisogno di riposo. Quindi, in ogni caso accetta la comunicazione che ti sta dando il sintomo, renditi conto se ha un fondamento reale e poi scegli se assecondare il sintomo o escluderlo dalla tua consapevolezza.

Bandler ha addirittura estratto delle strategie per diventare alcolizzati e per guarire da questa dipendenza. Quel che ha fatto è stato chiedere a diversi suoi clienti, senza che avessero bevuto nulla: «Qual è la prima sensazione che senti quando bevi e cominci a diventare un po' brillo?» Il cliente rispondeva, per esempio: «Prima comincio ad avvertire una sensazione di bruciore all'altezza dello stomaco, poi la sento salire nella testa...». Così facendo, Bandler riuscì a estrarre la strategia con cui ognuna di quelle persone poteva divertirsi, lasciarsi un po' andare, provare le sensazioni di quando si è un po' brilli, e tutto ciò senza toccare una goccia di alcool. Al tempo stesso lavorò sul percorso inverso, per permettere a persone un po' brille di tornare lucide, ad esempio per guidare la macchina. Diceva: «Riprendi la tua sensazione, che è arrivata qui alla testa e ti fa girare un po', e falla tornare giù. Falla scendere da dove è salita, falla tornare nella pancia, immagina che esca e sentiti bene».

Salire e scendere, su e giù, solo con la mente. Questa interessante applicazione può essere utile anche negli allenamenti sportivi; per recuperare un buon livello nelle prestazioni; per ritrovare sicurezza, forza, autostima, stati d'animo particolari; per raggiungere uno stato di picco emotivo e fisico che permette di dare il meglio di sé in ogni situazione. Qui lavoriamo del tutto sulle sensazioni; modificando queste possiamo accedere agli stati d'animo e modificarli, da negativi renderli positivi o, addirittura, ottimali. Il fine è sempre lo stesso: prendere stati d'animo negativi e renderli positivi, prendere quelli positivi e renderli straordinari.

SEGRETO n. 33: aiutandoti con le submodalità, puoi ridefinire una sensazione negativa ed essere in grado di escluderla, prendere una situazione positiva e renderla superlativa.

È anche importante sottolineare che ogni persona avrà una sua submodalità più importante, per lei maggiormente efficace ai fini del raggiungimento del peak state. Questo discorso vale sempre. C'è sempre una submodalità critica, oppure una, due, tre submodalità più importanti di altre, e questo lo puoi scoprire solo facendo esercizi, facendo domande all'altra persona o a te stesso.

Una volta mi è stato chiesto se le submodalità critiche sono sempre le stesse, cioè se una volta trovate restano sempre e comunque quelle. In generale è così. Ci sono quelle due/tre che sono sempre le stesse, ma è meglio non esserne mai troppo certi, perché si rischia di chiudere gli occhi e andare avanti sul lavoro che stiamo facendo senza tenere in considerazione la persona che abbiamo di fronte. Cosa che in PNL è fondamentale.

SEGRETO n. 34: ognuno avrà una submodalità per sé più importante, preferita e maggiormente efficace ai fini del raggiungimento del peak state.

Per meglio illustrarti i concetti sin qui espressi, ti riporto la trascrizione di una dimostrazione eseguita durante uno dei miei corsi in aula.

****

GIACOMO: Sei agitata in questo momento?

ARIANNA: Mi sono innervosita; sai, stare davanti al pubblico…

GIACOMO: Ti sei innervosita? Prendiamo proprio questa sensazione, perché si tratta di una sensazione vera, nata in diretta, sul momento. Una sensazione solo immaginata cozza un po' con lo scopo di questo esercizio. Partiamo dalla sensazione di nervosismo che avverti adesso: analizziamone, una a una, le submodalità. In che punto del corpo la avverti?

ARIANNA: Qua, a livello dello stomaco.

GIACOMO: Dello stomaco?

ARIANNA: Sì, precisamente alla "bocca" dello stomaco.

GIACOMO: Alla "bocca" dello stomaco. In che modo si muove?

ARIANNA: Preme.

GIACOMO: E dove ti preme?

ARIANNA: Nella parte interna.

GIACOMO: Nella parte interna. Benissimo, se dovesse avere una temperatura, che temperatura avrebbe?

ARIANNA: Calda.

GIACOMO: Calda. Quanto calda?

ARIANNA: Come gli atomi che, muovendosi molto velocemente, generano calore.

GIACOMO: Mi hai detto che questa sensazione ti crea pressione. Ti preme verso l'interno?

ARIANNA: Sì, sì.

GIACOMO: Se dovesse avere un peso, che peso avrebbe?

ARIANNA: Mah, medio.

GIACOMO: Bene. Se dovessi darle una forma?

ARIANNA: Rotonda e appiattita: sarebbe un ciottolo.

GIACOMO: Un ciottolo. Una densità?

ARIANNA: Solida.

GIACOMO: È solida, dura.

ARIANNA: Sì.

GIACOMO: È tanto forte l'intensità di questa sensazione?

ARIANNA: No.

GIACOMO: Quanto sei nervosa, da uno a dieci?

ARIANNA: Sei/sette.

GIACOMO: Sei/sette. Va bene. Non è un gran nervosismo, io lo aumenterei un po'…

ARIANNA: Vuoi che ti dica nove?

GIACOMO: Ora te lo faccio aumentare io. Vedrai, mi dirai tu: «Ti prego, basta!».

ARIANNA: Vai, vai…

GIACOMO: Allora, immagina questa sensazione. Il tuo ciottolo, se dovesse avere un colore, che colore avrebbe?

ARIANNA: Sarebbe grigio.

GIACOMO: Grigio. Ora immagina che la pressione sia ancora più forte, che si muova e giri dentro di te alla bocca dello stomaco e ti dia veramente fastidio: da uno a dieci, almeno un nove. Ti dà più fastidio?

ARIANNA: Sì, ecco, sì.

GIACOMO: Vedete che si può aumentare anche la sensazione negativa? Adesso prendi quello stesso movimento e fallo girare nel senso opposto.

ARIANNA: È come se si svitasse: si svita!

GIACOMO: Perfetto, lascia che si sviti quasi fino a farlo uscire dal tuo corpo, e fai caso al fatto che, mentre esce dal tuo corpo, cambia anche colore: non è più grigio ma di un colore molto più bello.

ARIANNA: Bianco!

GIACOMO: Bianco! Bene, aggiungi luminosità, perché la luce serve, ti dà energia. Lascia che cambi anche la temperatura, lascia che tutto quello che mi hai detto cambi, e rendilo come più ti piace, perché tu vuoi provare belle sensazioni dentro di te.

ARIANNA: La temperatura scende perché esce lentamente, si svita lentamente.

GIACOMO: Benissimo! Lascia che, mentre si svita lentamente, le cose cambino altrettanto lentamente. E mentre ti prendi tutto il tempo per far cambiare la tua sensazione, falla girare nel verso opposto mentre respiri. Quando ti accorgerai che questa sensazione ti piace molto più di prima, che non hai più quel senso di nervosismo che arrivava a sei/sette o nove addirittura, e ti accorgerai che ora è bella, che ti piace, riavvitala al tuo corpo. Falla divenire parte integrante di te stessa come emozione positiva, con il nuovo colore positivo. Lascia esplodere questo sorriso che ho visto solo accennato, lascialo girare più velocemente, raddoppia la sua velocità, raddoppia l'intensità di questa sensazione, lasciala espandere per tutto il corpo, lasciala espandere così, sino a raggiungere uno stato emotivo ottimale, il peak state!

ARIANNA: Fantastico, la sensazione di nervosismo è a zero e mi sento straordinariamente bene!

GIACOMO: Ottimo, facciamole un applauso!

****

In questa dimostrazione hai visto come sia possibile aumentare l'intensità anche di un'emozione negativa. Perché l'ho fatto? Non certo per farla innervosire di più, neanche per portarla a nove perché il sette non mi piaceva, ma solo per rendere più credibile la tecnica. Infatti, se dimostriamo al cervello che possiamo aumentare l'emozione negativa, a maggior ragione si convincerà che è possibile ridurla. Per curare il mal di testa, ad esempio, si consiglia di farlo prima aumentare e poi diminuire. Nel caso contrario la persona che ne è affetta potrebbe dire: «Figuriamoci se applicando una semplice strategia mi va via subito il mal di testa che mi perseguita da tanto tempo!»

Milton Erickson utilizza questa tecnica, che chiama **prescrizione del sintomo,** per la cura del mal di testa o del vizio del fumo e dell'alcool. Robbins la porta invece all'eccesso. Per far smettere di fumare prescrive di fumare il doppio, tanto da creare disgusto, associare il fumo al dolore; ma il suo scopo è anche quello di far riacquistare alla persona il controllo della situazione. Se puoi decidere di arrivare a fumare anche cinquanta sigarette in una giornata anziché dieci, se puoi decidere di mangiarti le unghie sino a consumarle piuttosto che non mangiartele, allora puoi anche decidere di smettere di fumare, smettere di mangiarti le unghie e smettere di avere mal di testa.

Il messaggio che viene trasmesso con questa tecnica è che tu puoi controllare tanto le tue emozioni quanto i tuoi vizi, perché puoi modificarli. A questo proposito ti riporto l'aneddoto, cui mi riferivo poco fa, sull'utilizzo della strategia della prescrizione del sintomo applicata al vizio del fumo. Robbins ci dice ciò che fece per aiutare un suo cliente che voleva smettere di fumare. Lo portò in una stanza d'albergo, chiuse la porta a chiave – tra l'altro lui è un omone alto due metri e largo altrettanto! – e gli disse: «Bene, adesso prendi questa stecca di sigarette e fumala tutta.» Gli mise dieci sigarette in bocca e gli ordinò: «Fuma!» L'uomo cercava di ribellarsi, dicendo: «No, non voglio fumare!», ma Robbins insisteva: «Fuma!» Sai cosa successe? Il pover'uomo, vinto dalle insistenze di Robbins, cedette e andò avanti a fumare sino a sentirsi male.

Alla fine fu lui a implorare Robbins di smettere: non voleva assolutamente più fumare! Era stato talmente disgustato dal fumo e aveva associato, con un tipico ancoraggio, talmente tanta paura, dolore e sofferenza all'idea di fumare, da implorare Robbins di farlo smettere. Da un lato la reazione è quella propria del condizionamento classico, dall'altro lato c'è un messaggio inconscio: che tu puoi veramente controllare la situazione.

Puoi aumentare e anche diminuire il tuo dolore o il tuo desiderio incontrollato. Ecco perché Erickson prescrive il sintomo: «Ti mangi le unghie? Bene, mangiatele! Allora, tutti i giorni, dall'una alle due, ti devi mangiare le unghie fino all'osso.» La persona associa il massimo dolore e disgusto al comportamento, tanto da non volerlo assolutamente più ripetere; in più, nel momento in cui realizza che non ha più voglia di darvi seguito, pensa: «Bene, ho preso io il controllo della situazione».

Questa è una delle tecniche più usate da Erickson. Stai male? Allora vedi di stare male tutti i giorni dalle tre alle quattro. Metti la sveglia: dalle tre alle quattro tu stai male, ti fai i pensieri più brutti che conosci, ti dici le cose peggiori; però, allo scoccare delle quattro, smetti. Abituando il cervello a prendere il controllo, fai sì che crei nuove associazioni.

Un mio parente, che ha avuto problemi alle tonsille, doveva prendere le gocce di antidolorifico tutti i giorni per lunghi periodi. Dato il tipo di cura che gli era stata prescritta, puoi immaginare quanto siano dolorose le tonsilliti. Sapevo che si poteva migliorare la situazione modificando le submodalità del suo malessere, quindi l'ho aiutato a sfruttarle per eliminare il dolore in determinate occasioni. In questo modo gli ho dato la possibilità di attendere un tempo più lungo tra una somministrazione del farmaco e l'altra; non più ogni tre ore ma, magari, ogni otto. Cos'è importante in questo? Imparare a controllare le sensazioni. Come abbiamo imparato a controllare le immagini e i suoni, così possiamo riuscire a farlo anche con le sensazioni, con il cinestesico. Con questa tecnica possiamo fare veramente miracoli.

Un altro esempio sulla strategia della prescrizione del sintomo, che dimostra quanto funzioni, riguarda Robbins. Quando era bambino vedeva il padre, che giustamente era il suo modello di vita, bere grandi quantità di birra, per cui si diceva: «Io voglio diventare grande, voglio diventare come papà, voglio bere la birra.» I bambini modellano, sono i più grandi modellatori del mondo e, infatti, imparano in fretta tante cose sia buone che cattive.

La mamma, molto intelligentemente, gli disse: «Se tu vuoi veramente diventare grande come papà, devi bere la stessa quantità di birra che beve lui, quindi adesso devi berne sei lattine.» Sei lattine di birra! Non aveva che sei anni. Robbins disse: «Sì, sì che bello!» Prese la lattina di birra in mano e cominciò a sorseggiarla. Tuttavia, ne fu assolutamente disgustato e disse: «Non è come me la aspettavo, ha un sapore terribile e adesso ne devo bere altre cinque!» La madre gliele fece bere tutte e sei e lui, da allora, non ha più toccato birra né alcol.

Ha subito un tale trauma, ha associato talmente tanto dolore e disgusto alla birra che non l'ha più voluta bere, neanche da adulto. Sempre Robbins ci racconta che la stessa cosa è avvenuta per la droga. Non che la madre lo abbia fatto mai drogare, ovviamente, però gli ha fatto fare un giro in alcuni posti frequentati da drogati, negli ospedali, e gli ha fatto vedere dei filmati sulla droga e i suoi terribili effetti. Ciò ha suscitato in lui un tale senso di sofferenza, dolore, disgusto che Robbins della droga non ha mai voluto saperne e ha fatto altrettanto con suo figlio.

SEGRETO n. 35: con la strategia della prescrizione del sintomo portiamo all'eccesso il comportamento legato a un'abitudine che consideriamo negativa, così da liberarcene.

Tuttavia, possiamo avere associato qualcosa al dolore per sbaglio, perché, magari, abbiamo avuto un trauma da piccoli che ci ha creato questa associazione sbagliata. Magari odiamo la birra ma, tutto sommato, una birra oggi come oggi da adulti non fa male e quindi abbiamo tutto il diritto di bercela tranquillamente. In questi casi si può lavorare sulle strategie inconsce, come vedremo nel prossimo capitolo.

tutto sommato, una birra oggi come oggi da adulti non fa male e quindi abbiamo tutto il diritto di bercela tranquillamente. In questi

RIEPILOGO DEL GIORNO 6:

- SEGRETO n. 29: le submodalità auditive riguardano i suoni che senti, il tuo dialogo interiore e le voci interiori che appartengono ad altre persone nei tuoi ricordi.

- SEGRETO n. 30: non farti assillare dal tuo dialogo interiore; usalo per motivarti e fa' sì che diventi uno strumento per migliorare il tuo stato emozionale.

- SEGRETO n. 31: modifica le submodalità della voce interiore che senti, ti renderai conto che il tuo stato emotivo varierà di conseguenza.

- SEGRETO n. 32: le submodalità cinestesiche riguardano le tue sensazioni, ovvero che tipo di sensazione avverti e "dove" la avverti all'interno del tuo corpo.

- SEGRETO n. 33: aiutandoti con le submodalità, puoi ridefinire una sensazione negativa ed essere in grado di escluderla, prendere una situazione positiva e renderla superlativa.

- SEGRETO n. 34: ognuno avrà una submodalità per sé più importante, preferita e maggiormente efficace ai fini del raggiungimento del peak state.

- SEGRETO n. 35: con la strategia della prescrizione del sintomo, portiamo all'eccesso il comportamento legato a un'abitudine che consideriamo negativa, così da liberarcene.

GIORNO 7:

Strategie di Eccellenza

Ti parlo della mia esperienza personale. A me la birra non piaceva, e non mi è piaciuta fino a pochi anni fa. Poi ho detto: «Perché non mi deve piacere la birra? In fondo la bevono tutti, piace a tutti, perché a me no?» Volevo capire perché, ma soprattutto "come" farmela piacere. E allora ho letto questo esercizio per scambiare le submodalità tra una cosa e l'altra, tra un cibo e l'altro – tra una bevanda e l'altra, in questo caso –. Ho pensato a una bibita che mi piaceva, la Coca Cola, e ne ho estratto le submodalità. Ho visualizzato nella mia mente una bella Coca Cola ghiacciata, con il suo colore, la forma della bottiglia, l'etichetta rossa. Ne ho sentito il sapore e ho avvertito le sensazioni che provavo quando la bevevo. Ho pensato a quello che di solito mi dicevo riguardo alla Coca Cola: «Oddio, com'è buona!»

Ho preso tutte queste submodalità – ossia visive, auditive e cinestesiche –, e le ho tenute a mente, poi sono passato a considerare quelle della birra. La posizione dell'immagine era spostata rispetto a quella della Coca Cola, aveva una forma diversa, io mi dicevo altre cose: «Ehm, ma che sapore strano ha la birra!» A quel punto, avendo estratto le submodalità di entrambe le bevande, ho preso le submodalità della Coca Cola e le ho applicate alla birra. Credimi se ti dico che da quel giorno la birra mi piace moltissimo! Sembra assurdo, ma il cervello riconosce che una cosa con certe submodalità è una cosa che ti piace, qualunque essa sia.

In pratica ho preso l'immagine della birra e l'ho trasferita su quella della Coca Cola. Le ho dato le stesse dimensioni, la stessa luminosità, la stessa intensità, la stessa nitidezza. Mi ricordo che vedevo l'immagine della birra completamente sfocata, e questo succedeva perché non mi piaceva. L'ho trasposta a quella della Coca Cola e l'ho vista bella fresca, con le goccioline che trasudavano dal bicchiere tanto era fredda. Ho spostato le sensazioni da un'immagine all'altra, ossia ho cambiato la sensazione del "non piacere", legata inizialmente alla birra, con quella del "piacere": da allora la birra mi piace. Funziona.

Avevo letto questo esercizio in un libro di Anthony Robbins; lui portava come esempio i suoi figli, ai quali piaceva un certo cibo piuttosto che un altro. Lo puoi fare sia con i cibi che con le bevande ed è sicuramente ottimo anche per le diete. Nel caso della birra e della Coca Cola io volevo far sì che mi piacesse anche la birra, e quindi le ho applicato le submodalità di una bevanda che mi piaceva. Se vuoi fare il contrario, cioè far sì che non ti piaccia più un cibo o una bevanda che ami ma che può farti male se ne abusi, ad esempio la cioccolata o l'alcool, puoi dire: «Bene, ora renderò l'alcool qualcosa di veramente disgustoso.» Gli applichi le submodalità di una cosa per te disgustosa e non ti piacerà più, te lo assicuro. Puoi provare a fare questo esercizio anche a casa, molto facilmente.

Si tratta di scambiare le submodalità. Prendi una cosa che ti piace e fai in modo che non ti piaccia più. Puoi utilizzare la stessa strategia per smettere di fumare. Prendi l'idea della sigaretta e la metti là dove ci sono le cose non ti piacciono, che hai già eliminato dalla tua vita, dalla tua quotidianità: basta cambiare le submodalità.

SEGRETO n. 36: per far sì che ti piaccia qualcosa che in realtà detesti, trasferisci su quest'ultima le submodalità proprie di qualcosa che ti piace.

La stessa tecnica di scambio di submodalità si può applicare alle strategie di motivazione. C'è una cosa che ti motiva e una che non ti motiva? Se ritieni giusto o importante fare la cosa che non ti motiva, applicale le submodalità della cosa che ti motiva. Per esempio, al figlio di una mia amica non piaceva andare a scuola e però gli piaceva moltissimo giocare a pallone. Gli ho chiesto: «Quando pensi al gioco del calcio, che immagine ti fai?» Mi ha risposto: «Vedo il campo da calcio, mi vedo che gioco, vedo i miei amici, esulto e sono contento; l'immagine è in alto, luminosa, grande e nitidissima.» «Capisco. E che immagini ti fai quando pensi alla scuola e allo studio?» «Vedo un'immagine un po' lontana, piccola, molto sfocata. Non lo so, non riesco a vederla chiaramente. No, non voglio andare a scuola!»

Gli ho detto: «Prendi l'immagine della scuola, trasportala quassù, là dove visualizzi l'immagine di te che giochi a pallone. Ingrandiscila, rendila nitida, fa' sì che diventi esattamente una copia dell'altra.» Ovviamente avevo scritto tutto, così ho potuto essere molto preciso, andare nei dettagli. Abbiamo reso l'immagine identica a quella del gioco del calcio e improvvisamente questo ragazzo ha cominciato a sentirsi motivato. Tanto che ha detto: «Ah, che bello! Domani vado a scuola e mi diverto con i miei amici.» Anche le sensazioni di divertimento che lui associava al calcio erano state trasferite sui compagni di classe e quindi, pur se indirettamente, le aveva associate anche alla scuola. Questa è una tecnica che si può applicare agevolmente. Per farti capire ancor più chiaramente come sia possibile, ti riporto la trascrizione di una dimostrazione fatta durante uno dei miei corsi.

****

GIACOMO: Carla, vuoi venire? Bene, facciamole un applauso! Ora pensa a qualcosa che ti motiva tantissimo da un punto di vista sia visivo, sia auditivo, sia cinestesico, ed estraine le submodalità. Cosa può essere, ad esempio?

CARLA: Giocare a carte.

GIACOMO: Infatti a pranzo si era portata le carte da briscola e ci ha proposto una partita. Evidentemente per lei è una cosa estremamente motivante. Quando pensi a te che giochi a carte, cosa vedi? Che immagine ti fai?

CARLA: Sono in dissociato: mi vedo di spalle che gioco, che sono sicura di me, che butto con forza le carte sul tavolo sicura di vincere; anzi, me lo dico proprio.

GIACOMO: Bene, ci ha già illustrato una serie di submodalità sia a livello di sensazioni che di udito e di vista. L'immagine dov'è? In questa direzione, immagino, davanti a te.

CARLA: Sì.

GIACOMO: A che distanza da te? (*Giacomo individua con la mano un punto preciso a circa un metro di distanza da Carla*)

CARLA: Sì, in quel punto lì, a circa un metro da me.

GIACOMO: È un caso che io abbia indovinato il punto in cui Carla individua la sua immagine? Naturalmente no. La verità è che Bandler, quando fa la stessa domanda ai suoi clienti, riesce a capire a che distanza individuano la loro immagine anche solo osservando la dilatazione delle loro pupille. Ci vuole un po' di pratica, però, tutto sommato, non è difficile. Quanto è grande questa immagine?

CARLA: 60×60.

GIACOMO: È di una precisione mostruosa! 60× 60, va bene.

CARLA: Millimetro più, millimetro meno.

GIACOMO: Ti vedi in dissociato, da dietro. L'immagine è nitida o sfocata?

CARLA: Non è nitida ma nemmeno troppo sfocata, direi. Anche i colori non sono brillanti, ma non sono nemmeno spenti. È un'immagine che potrei definire "normale", si può dire?

GIACOMO: Un'immagine normale.

CARLA: È tranquilla, sì.

GIACOMO: Cosa ti dici, quindi?

CARLA: Ah, mi dico che sono sicura di vincere, non ci sono dubbi.

GIACOMO: Sei sicura di vincere e non ci sono dubbi. Con che tono di voce te lo dici?

CARLA: Vivace, il tono di voce è molto vivace ed è sicuro, è un bel timbro di voce, me lo sento proprio dentro.

GIACOMO: Volume?

CARLA: Piuttosto alto, sì.

GIACOMO: Molto motivante, molto sicuro.

CARLA: Sì, sì.

GIACOMO: Passiamo alle sensazioni. Che sensazioni avverti?

CARLA: Di gioia. Gioco per vincere, quindi mi piace vincere.

GIACOMO: E ti motiva questa immagine?

CARLA: Tanto!

GIACOMO: Appena vedi questa immagine vorresti giocare a carte.

CARLA: Sì, anche perché poi, fra l'altro, qualunque piccolo disturbo io possa avere, un malessere, qualsiasi cosa, giocando a carte sparisce tutto. Non sento assolutamente più nulla; può arrivare mia madre, un amico… io non vedo né sento più niente: sto giocando a carte.

GIACOMO: Altro che mal di testa! Vedete come potete eliminare completamente dalla vostra percezione anche il dolore o qualsiasi pensiero, emozione negativa? Ecco, se avete una passione, è sicuramente un ottimo modo per gestire le emozioni. Questa sensazione di gioia, di motivazione, dove la senti nel tuo corpo? Se dovessi indicarmi un punto preciso?

CARLA: Be', direi che mi pervade dallo stomaco alla testa.

GIACOMO: Dallo stomaco alla testa, bene.

CARLA: Mi prende tutta, escludendo le gambe.

GIACOMO: Escluse le gambe, che non giocano a carte, per il resto c'è un coinvolgimento enorme! E notate che, nonostante questo, in realtà ci ha detto che è dissociata. Sembra strano che lo sia, perché è così coinvolta da una cosa per lei così motivante, eppure lo è. In realtà spesso è così, spesso la motivazione è in dissociato perché, vedendola in dissociato, siamo ancora più motivati e non vediamo l'ora di viverla. Lo faccio fare anche ai miei allievi durante lo svolgimento dell'esercizio sugli obiettivi. Chiedo loro di vivere una situazione motivante "in associato", sino a che arrivano al momento in cui hanno conseguito l'obiettivo; dopodiché dico di "dissociarsi" perché nella realtà non sono ancora arrivati a conseguirlo e voglio che la loro passione, la loro motivazione nell'arrivare a vivere davvero quella situazione siano massime. In questo caso Carla è motivata perché non vede l'ora di vivere la situazione e giocare quella partita che la vede vittoriosa. Se dovessi dare un colore a questa sensazione, quale sarebbe?

CARLA: È tutto rosso… Rosso e giallo.

GIACOMO: Rosso e giallo: è romanista questa sensazione! C'è qualcos'altro degno di nota, che secondo te è importante in questa immagine, nella sensazione che avverti, in ciò che dici a te stessa?

CARLA: No, più che altro sento il rumore delle carte e il mio pugno sul tavolo.

GIACOMO: Il tuo pugno sul tavolo… Ah, sei una giocatrice di ferro! Benissimo. Quindi questi rumori sono importanti, sono una componente auditiva. Se lavorate con qualcuno o con voi stessi, fate sempre quest'ultima domanda: «C'è qualcos'altro degno di nota? C'è qualcos'altro che mi vuoi dire e che secondo te è importante?» Perché per quante domande possiate fare, potrebbe comunque sfuggirvi qualcosa di importante. Quindi, ripeto, ricordate di fare quest'ultima domanda di verifica. Ora dimmi una cosa che non ami troppo fare ma verso la quale vorresti motivarti.

CARLA: Andare a correre la mattina. So che devo andare perché mi fa bene, e però, proprio mentre sono lì che corro, mi chiedo: «Ma chi me l'ha fatto fare? Proprio non ne ho voglia!»

GIACOMO: E quando pensi alla corsa della mattina, cosa senti, che immagini ti fai?

CARLA: Ah, è una fatica! Innanzitutto, mentre nell'atto di giocare a carte mi vedo di spalle, nel correre mi vedo di prospetto: corro, corro, facendo molta fatica. L'immagine, forse, è più vicina dell'altra, ma il colore è un po' più sbiadito... Sì, effettivamente siamo sul rosa e sull'azzurro.

GIACOMO: Quindi un'altra posizione, un po' più vicina, e colori un po' più sbiaditi.

CARLA: E poi mi dico che non ne ho voglia, penso: «Ma guarda qua, chi me lo ha fatto fare? Che fatica!»

GIACOMO: Questa sensazione di fatica ti spezza, ti opprime.

CARLA: Poi, fra l'altro, è in movimento. L'immagine di me che gioco a carte, a parte il pugno, è abbastanza statica, mentre questa è in movimento. Mi vedo arrancare, effettivamente.

GIACOMO: Quindi è un filmato, ma nel quale ti vedi fare una gran fatica.

CARLA: È un filmato, sì, mentre l'immagine di me che gioco a carte è ferma.

GIACOMO: Non dobbiamo giudicare le submodalità, quindi non importa se l'immagine del gioco a carte è ferma mentre quella della corsa è in movimento e, quindi, più che un'immagine è un filmato: è il suo modo di vedere le cose. Ciò che Carla deve fare per motivarsi verso la corsa è spostare quel filmato dall'attività non motivante all'attività motivante. Cominciamo con il cambiare tutte le submodalità. Parlando della fatica, dove la senti?

CARLA: Nelle gambe.

GIACOMO: Nelle gambe. E, se avesse un colore, quale sarebbe?

CARLA: La fatica nelle gambe? Mah, essendo pesantissima, potrebbe essere di colore blu scuro…

GIACOMO: Blu scuro?

CARLA: Sì.

GIACOMO: Pesantissima, comunque.

CARLA: Ah, sì, pesantissima, una fatica!

GIACOMO: Dal tono con cui mi ha detto che è «…una fatica!», direi che è per lei davvero una fatica mostruosa; è molto congruente! Si è immedesimata bene. Ora prendi l'immagine della corsa e comincia a spostarla pian piano, facendola andare nella direzione dell'immagine di te che giochi a carte.

CARLA: Farla camminare fin qui? È una fatica!

GIACOMO: Faticoso pure questo! Inizia a spostarla e vedi che, mentre si allontana da te, cammina in modo da raggiungere l'esatta posizione in cui visualizzi l'immagine della partita a carte. Rendila delle stesse dimensioni e vivacizzane un po' i colori. Fa' che siano meno sbiaditi, più vividi, un po' come quelli dell'immagine della partita a carte. Ora comincia a cambiare inquadratura; non ti vedi più di prospetto ma di spalle. Ti vedi correre ma, tutto sommato, quelle gambe che sentivi così pesanti ora sono un po' più leggere.

CARLA: Effettivamente è diverso: mentre vedendomi correre di prospetto ho l'impressione di arrancare, visualizzandomi di spalle sembra quasi che qualcuno mi spinga.

GIACOMO: Bene, fatti dare una spintarella già che ci sei! Assecondate le cose che vi dice, datele una spintarella per aiutarla. E mentre vedi il filmato di te stessa di spalle, che corri bella leggera, bloccalo e fa' sì che divenga un'immagine, però di leggerezza, e mentre fai questo prova a dire: «Eh però, mica male questa donna, eh?» Sbatti il pugno, dì: «Ah, sa correre!» e ancora: «È divertente correre.» Guarda questa immagine e intanto senti la sensazione di gioia che si sposta e ti pervade dallo stomaco alla testa. Dalle il colore rosso e giallo che prima hai dato al giocare a carte e trasferisci su questa immagine quel senso di gioia, di felicità e di leggerezza. Sì, aggiungi un po' di leggerezza. Dai, andiamo a correre?

CARLA: Sì, domani mattina!

GIACOMO: Sì, domani mattina. Facciamole un applauso!
****

In questa dimostrazione hai visto come si possano spostare le submodalità da una parte all'altra, come si possa quindi prendere una cosa non motivante e portarla in una zona motivante, che è soggettiva per ciascuno di noi. Solo ognuno di noi sa cosa è motivante per lui e cosa non lo è, e può quindi cambiare le sue submodalità. Scambiando le submodalità posso anche prendere una cosa che mi motiva e renderla non motivante. Se l'alcool mi motiva, lo rendo non motivante.

SEGRETO n. 37: applicando lo "scambio di modalità" alle strategie di motivazione, puoi trasferire le submodalità di un'attività che adori su quella che non ti piace ma che è opportuno tu svolga.

L'importante è fare molta pratica di questi esercizi, proprio per essere sempre più veloci nell'eseguirli. All'inizio può capitare che qualcuno debba mettere maggiore impegno rispetto ad altri per riuscire a vedere queste immagini mentali, per riuscire a visualizzare. Bandler dice: «Tutti noi visualizziamo»; quindi non ci sono scuse, non si può dire: «No, io non riesco a visualizzare.» Non è possibile, il cervello funziona così. Quindi è solo questione di abitudine, di allenamento.

Tempo fa, durante un corso, un mio allievo, confrontandosi con un suo compagno, mi ha detto: «Io non visualizzo bene». Gli ho chiesto: «Cosa intendi?», e lui ha replicato: «Sai cosa? Non riesco a vedere l'immagine abbastanza nitida.» Ho chiesto: «Cosa intendi quando dici "abbastanza nitida"?» e lui: «Be', non riesco a vederla nitida quanto il ragazzo seduto accanto a me.» A quel punto mi è venuto spontaneo chiedere: «Come fai ad essere certo che abbia in mente un'immagine più nitida della tua? Come puoi valutare ciò che è nitido per lui in base a ciò che è nitido per te?»

Ognuno di noi ha delle immagini in mente, e nessuno può sapere quale sia l'elemento discriminante in base al quale gli altri valutano che una certa immagine è, per loro, più o meno nitida, più o meno opaca. Visualizziamo, in un modo o nell'altro. La cosa migliore è fare pratica, così da abituarsi a riflettere, a fare caso alle immagini mentali che ci creiamo, in modo da poterle controllare, gestire, modificare, utilizzando proprio le submodalità.

SEGRETO n. 38: il segreto per applicare al meglio queste strategie è fare molta pratica; tutti possono visualizzare, non hai scuse per dire il contrario!

Quindi, ripassiamo un attimo queste submodalità. Hai visto che le modalità sono tre e ognuna ha diverse submodalità. In questo tipo di esercizi devi lavorare con tutti e tre i canali. Ti ho proposto prima esercizi singoli sul visivo, poi sull'auditivo e sul cinestesico, ma altri esercizi li puoi inventare anche tu. Magari scambiando le submodalità di due cibi, se vuoi amare un po' di più l'insalata e un po' meno la cioccolata, ad esempio. Con le submodalità puoi fare di tutto.

L'importanza delle submodalità varia da persona a persona. Per quanto riguarda l'ambito visivo, la distanza e la dimensione sono fattori importantissimi per molte persone, ma c'è chi vede come fondamentale la differenza tra associato e dissociato. Già rendere in bianco e nero un'immagine può farla spegnere del tutto. Per quanto riguarda le submodalità auditive, succede la stessa cosa. Magari anche solo cambiare tono di voce e mettere quella di Paperino piuttosto che una voce sexy, come hai visto nella dimostrazione che ho riportato, può cambiare notevolmente la sensazione associata. Abbassare il volume quando una voce ti infastidisce può renderla insignificante, oppure farla andare velocissima, come si può fare impostando la relativa funzione del registratore, può aiutare a non sentirla più.

Le submodalità cinestesiche riguardano invece il punto nel quale si avverte una certa sensazione, come si muove, che temperatura ha, che colore ha e così via. Puoi cambiare una sensazione, nessuno ti vieta di farlo. Quindi, puoi prendere una cosa che ti motiva, vedere che immagine ti fai, cosa ti dici, che sensazioni provi e poi utilizzare questa estrazione di submodalità per motivarti a fare qualcosa che di solito non ti motiva.

Ricordo, per esempio, che per la laurea i miei parenti volevano farmi uno dei classici regali che a me non piaceva, perché lo trovavo inutile. Mi sono detto: «Va be', questa cosa me la devo fare andare bene in qualche modo, la devo accettare perché hanno già deciso di regalarmela.» Allora ho preso in considerazione una cosa che amavo e che in quel momento mi coinvolgeva da morire, come i libri di Richard Bandler, e mi sono detto: «Se mi arrivasse un libro per regalo, piuttosto che quella certa cosa, sarei più contento. Quali sono le submodalità del libro? Lo vedo vicino a me, bello, luminoso, nitido, grande, enorme: non vedo l'ora di averlo, non vedo l'ora di sfogliarlo!» Poi ho visualizzato il regalo che i parenti intendevano farmi e vi ho trasferito le submodalità da me attribuite al libro di Bandler. Ho portato questa immagine per me poco motivante lì dove visualizzavo l'immagine del libro che amavo e che avrei desiderato ricevere, mi sono detto le stesse cose, ho visualizzato un'immagine simile e ho trovato bello anche il dono che di lì a poco avrei ricevuto dai parenti. Ha funzionato, tanto che nel momento in cui me l'hanno proposto ero contentissimo!

Quello che hanno scoperto Richard Bandler e John Grinder, i due fondatori della PNL, è che il cervello funziona in questo modo. Hanno studiato molte persone, ne hanno modellato i pensieri, le visualizzazioni, le immagini, i suoni, le sensazioni. Non hanno preso in considerazione solo persone di successo, che riuscivano ad ottenere i loro risultati, ma anche chi vedeva irrealizzati i propri obiettivi, così da capire ciò che li differenziava. Perché, ricordati, un quesito centrale nella PNL è: «Qual è la differenza che fa la differenza?»

Come hai potuto notare in questa guida, sono tante piccole cose che fanno la differenza; le submodalità sono tante piccole differenze che poi, unite tutte assieme, fanno una grande differenza. Essere associati o dissociati già di per sé fa tantissimo. Essere dentro una situazione, essere dentro un'emozione, cambia rispetto all'esserne fuori. Il tuo stato emotivo subisce sollecitazioni molto più intense. Pensa all'esempio delle montagne russe: "vivere" questa esperienza in associato, piuttosto che visualizzarla in dissociato, cambia totalmente la sensazione, e questo indipendentemente dal tipo di emozione che stai provando. Non importa se l'emozione è negativa o positiva: non lavoriamo sui contenuti, ma solo sulla forma.

Ovviamente, se l'emozione è positiva, associandoti ti sentirai molto meglio, sarà un'emozione non più positiva ma straordinaria, e ti permetterà di raggiungere il peak state, uno stato emotivo e mentale ideale, il migliore possibile. Al contrario, se l'emozione è negativa e ti associ, starai molto male. Quello che fanno in genere le persone è il contrario di quello che dovrebbero fare. Tempo fa, durante un corso, una mia allieva mi disse: «Io sono sempre associata nelle situazioni spiacevoli e sempre dissociata in quelle piacevoli»; le risposi: «Bene, sono contento, perché ora che hai imparato le submodalità, le tecniche della Programmazione Neuro-Linguistica, potrai modificare questa associazione. Sai come comportarti: devi fare esattamente il contrario».

SEGRETO n. 39: il modo migliore per raggiungere facilmente il peak state è associarsi in situazioni piacevoli; ricorda invece di dissociarti nelle sgradevoli per non peggiorare il tuo stato emotivo.

Come fare? Basta farlo una volta in una determinata situazione? No, non basta. Lo devi fare una volta durante l'esercizio e poi devi esercitarti in tante altre situazioni, così da cambiarle una a una e, al tempo stesso, insegnare al tuo cervello a cambiare automaticamente le submodalità. Facendo tanti esercizi, e ti invito a farne davvero tanti, puoi veramente insegnare al tuo cervello a usare le sue potenzialità nella maniera più giusta.

Modificare le submodalità deve diventare un processo del tutto naturale per il tuo cervello, a tal punto da farti automaticamente associare alle cose belle, farti amare la persona che desideri e vederti in associato con lei. Da far sì che, invece, diventi per te naturale dissociarti dalle cose spiacevoli, allontanandone e scurendone l'immagine, cambiandone le sensazioni; da portarti a modificare il tuo dialogo interiore, abbassandone il volume fino a farlo finalmente tacere o semplicemente attribuendogli una sfumatura sexy o comica, con un tono simile a quello di Paperino che ti dice «Quack, quack» e ti fa ridere, facendoti sentire meglio.

SEGRETO n. 40: con l'esercizio, modificare le submodalità diverrà per il tuo cervello un processo assolutamente naturale e lo farai senza alcun problema.

RIEPILOGO DEL GIORNO 7:

- SEGRETO n. 36: per far sì che ti piaccia qualcosa che in realtà detesti, trasferisci su quest'ultima le submodalità proprie di qualcosa che ti piace.

- SEGRETO n. 37: applicando lo "scambio di modalità" alle strategie di motivazione, puoi trasferire le submodalità di una attività che adori su quella che non ti piace ma che è opportuno tu svolga.

- SEGRETO n. 38: il segreto per applicare al meglio queste strategie è fare molta pratica; tutti possono visualizzare, non hai scuse per dire il contrario!

- SEGRETO n. 39: il modo migliore per raggiungere facilmente il peak state è associarsi in situazioni piacevoli; ricorda invece di dissociarti nelle sgradevoli per non peggiorare il tuo stato emotivo.

- SEGRETO n. 40: con l'esercizio, modificare le submodalità diverrà per il tuo cervello un processo assolutamente naturale e lo farai senza alcun problema.

CONCLUSIONE

Concludo raccontandoti un aneddoto sulle submodalità. A Bandler è capitato di lavorare con uno schizofrenico che, ogni volta che guardava la televisione, vedeva i personaggi che ne uscivano e prendevano vita intorno a lui. Le sue submodalità erano un po' distorte e quindi trasformava in tridimensionali anche le immagini bidimensionali della televisione.

Bandler studiò le sue submodalità, estrasse la sua strategia per rendere le immagini tridimensionali, e poi gli chiese: «Puoi dirmi che tipo di programmi guardi?» Lui rispose: «Be', guardo il telefilm *La casa nella prateria*. Sai? C'è quella ragazzina che mi dà un fastidio tremendo, mi sta sempre intorno, non riesco a liberarmene!» E Bandler replicò: «Ah, però! È interessante come strategia, molto interessante. Me la devi spiegare per filo e per segno. Chiariscimi bene tutte le tue submodalità perché questa è una strategia che vale miliardi».

Lo schizofrenico a quel punto cominciò a incuriosirsi e chiese: «Come miliardi? Che intendi?» e Bandler: «Sì, sì, spiegami la tua strategia, io la insegno ai miliardari, gliela vendo in modo che anche loro sappiano come utilizzarla».

«Ma perché? Perché mai? A che serve?» chiese il malato, che si sentì rispondere: «Il canale "Playboy Channel" ti dice nulla?» Bandler aveva preso le sue submodalità e la sua realtà e l'aveva trasformata in una cosa buffa. In un certo senso l'aveva ristrutturata, le aveva attribuito un altro significato.

Questa strategia, come la strategia di motivazione per la quale ti ho proposto alcuni esercizi, sono fatte di submodalità, di ingredienti, di quantità. Esse possono essere replicate, insegnate ad altri o modificate per cambiare i tuoi stati d'animo legati a certe abitudini, certi comportamenti. In generale possono farti acquisire uno stato d'animo migliore, addirittura eccellente, portandoti a raggiungere il peak state. Comunque possono aiutarti a gestire al meglio le tue emozioni.

Ti auguro quindi di riuscire veramente a raggiungere questo obiettivo facendo tanta pratica. Ricorda che il tuo percorso non è cominciato quando hai intrapreso la lettura di questa guida, ma comincerà da domani, quando andrai in giro per la tua città, nella vita reale. Sarà nelle situazioni reali che imparerai a gestire al meglio il tuo stato d'animo: di fronte al collega di lavoro che ti infastidisce e ti irrita come al solito; davanti al capo; davanti al partner che ti fa innervosire e in tante altre situazioni che ti capiteranno nella vita di tutti i giorni.

Dunque memorizza bene i tre pilastri per gestire le tue emozioni e il tuo stato d'animo: il **focus**, il **linguaggio** e la **fisiologia**; ricorda che sono tutti ugualmente importanti e che devono stare in equilibrio tra loro. Infatti, non sarà una tecnica o una strategia a cambiare da un momento all'altro il tuo stato d'animo, ma sarà l'insieme di questi tre pilastri, con le tecniche relative ad ognuno, a fare la differenza. Noterai un cambiamento già da oggi, già da domani, perché anche semplici tecniche, come una parola, come un "devo" al posto di un "voglio", possono creare uno stato d'animo diverso e migliore, uno stato emotivo ideale.

Ricordati che una domanda giusta porta a una certa risposta; una domanda sbagliata porta a un'altra risposta e le risposte possono limitarci oppure potenziarci. Tieni sempre a mente quello che dice Robbins: «Domande di qualità portano a una vita di qualità». E l'unico modo di porti delle domande giuste è chiederti: «Come posso raggiungere il mio obiettivo?»

Con le domande giuste, ti focalizzerai direttamente sulla soluzione. Abbiamo visto quanto sia importante capire quale metafora di vita tu abbia; a seconda di questo cambierà il tuo approccio con le persone, con le situazioni e in generale con la tua esistenza. Se vuoi vivere meglio, credendo di più in te stesso, nelle tue capacità, sii consapevole della rilevanza che hanno ciò su cui ti focalizzi, il linguaggio che usi, le domande che ti poni, le metafore che utilizzi.

Abbi cura anche della tua fisiologia. Non hai più scuse! Se ti trovi in un momento difficile, mettiti in piedi, bevi un bicchiere d'acqua, fai un bel respiro. Respirare porta ossigeno al cervello ed è il primo modo per creare endorfine, creare neuro-trasmettitori che ti fanno sentire bene, ti danno benessere. È il primo gesto utile per arrivare al tuo peak state. Uno dei motivi per cui molte persone fumano è che quando sono nervose e fumano una sigaretta cambiano la loro fisiologia, cambiano respirazione, respirano di più, anche se anidride carbonica o sostanze tossiche, e si sentono più rilassate. Il ritmo della loro respirazione cambia e questo modifica la loro fisiologia, il loro stato d'animo. Ecco perché fumare ha dei vantaggi secondari.

Strettamente legato alla fisiologia è anche l'ancoraggio, quindi tutto ciò che ti circonda, quella canzone che improvvisamente, da un istante all'altro, ti fa cambiare stato d'animo, ti fa impazzire, ti fa piangere di emozione, ti fa ridere, quel profumo che ti ricorda quella persona. Tutti e tre i pilastri sono fondamentali per gestire le tue emozioni, il tuo stato d'animo e in generale la tua autostima.

Ovviamente non basta aver appreso le tecniche, non bastano la teoria né l'esercizio pratico di una giornata, ma dovrai continuare da ora, da domani, per il resto della tua vita, a lavorare su tutti e tre i canali. Abituati a usare tutto quello che puoi per migliorare, per portare il tuo stato d'animo al massimo, per vivere al meglio le tue emozioni, per raggiungere il tuo peak state in tutto ciò che fai e sei.

Buon lavoro!

Giacomo Bruno